Inhaltsverzeichnis:

Vorwort	5
Spieleverzeichnis	6
Von Pinguinen, Krokodilen, Elefanten und anderen Tieren	9
Mit Auto, Bahn und Bus unterwegs	25
Mit Händen und Füßen	35
Zirkus, Zauber, Hexentanz	47
Mit viel Schwung im Kreis herum	59
Mit Decken, Luftballons und Seifenblasen	73
Wir machen Euch was vor	87
Zum Toben, Turnen und Tanzen	105
Rund um den Tisch	119

Vorwort der Autorin

Es regnet! Vier kleine Kinder rennen im Haus hin und her und sind voller Tatendrang. Das Kinderzimmer und andere Nischen und Winkel des Hauses sind bereits in Beschlag genommen. Nun stehen sie erwartungsvoll vor mir und fragen gespannt: „Kannst du nicht etwas Tolles mit uns spielen?“
Kennen Sie solche oder ähnliche Situationen aus Ihrem Alltag mit Kindern? Wie schön ist es, wenn man spontan und ohne viel Vorbereitung etwas aus der Trickkiste zaubern und die Kinder mit einfachen, phantasievollen Liedern und Spielen begeistern kann.

Auch wenn meine eigenen Kinder inzwischen etwas älter sind, kann ich mich noch sehr gut an viele solcher Situationen erinnern. Die Frage, was kann ich mit Kindern im Alter von 1, 2 oder 3 Jahren schon spielen? Wie beschäftige ich sie an ihren ersten Kindergeburtstagen? Diese Alltagssituationen haben mich vor ein paar Jahren veranlaßt, auf die Suche nach Liedern und Spielen für Kinder im Alter von 1 bis 6 Jahren zu gehen. Zur gleichen Zeit begann ich, mich beruflich als Kursleiterin in Mini-Clubs und Spielgruppen zu engagieren.

Inzwischen habe ich eine stattliche Zahl von schönen Spielliedern und Bewegungsspielen gesammelt. Nur vereinzelt habe ich Spiele für Kinder in diesem Alter in der Fachliteratur gefunden. Viele Anregungen habe ich von Eltern und Mitarbeitern in Spielgruppen durch mündliche Überlieferung kennengelernt und einen großen Teil der Spielideen habe ich selbst im Spiel mit kleinen Kindern erfunden und weiterentwickelt.

„Budenzauber“ ist eine Fundgrube mit vielen altbekannten und neuen Spielliedern und Bewegungsspielen für Eltern mit kleinen Kindern und für alle, die in Mini-Clubs, Spielgruppen, Kindergärten und Turnspielgruppen mit kleinen Kindern Spiel, Spaß und Bewegung erleben wollen. Ein Buch aus der Praxis für die Praxis.
Es ist eine Sammlung von lebhaften und ruhigen Bewegungsspielen, die der kindlichen Phantasie und Kreativität freien Raum lassen. Da starten die Kinder mit einer Rakete zum Mond, sie fahren mit dem Traumlandexpress in ihr Wunschland, sie werden in Tiere verzaubert und lassen Seifenblasen und Luftballons in der Luft tanzen. Eltern steigen mit ihren Kindern in ein Karussell, spielen Gewitter, Gespenster oder Flugzeug und packen gemeinsam eine Schatzkiste aus.

Dies alles sind Spiele, die jederzeit in etwas größeren Räumen und zum Teil auch im Freien gespielt werden können. Für die Durchführung werden meist keine oder nur sehr einfache Hilfsmittel wie Luftballons, Bälle, Tücher und Decken benötigt. Mit ein wenig Flexibilität lassen sich viele Spiele aufgrund ihrer einfachen Regeln so variieren, daß sie, sowohl in Eltern-Kind-Gruppen als auch in Kindergruppen mit Kindern verschiedener Altersgruppen gespielt werden können; die Altersangabe zu den Spielen soll somit auch nur als Anhaltspunkt verstanden werden. Der große Improvisations- und Variationsspielraum ermöglicht eine gute Einstellung auf die vielfältigen phantasievollen Ideen und Vorstellungen der Kinder. Eltern und Kinder haben die Lieder und Spiele schon in kürzester Zeit in lebhafter Erinnerung. Wie oft stehen begeisterte Kinder schon zu Beginn eines Spielgruppentreffs vor mir und fordern mit Nachdruck das Spiel von dem Apfelbaum, dem Zauberer, der Hexe oder den Indianern. Und schon sind wir mittendrin im „Budenzauber“.

Alphabetisches Spielverzeichnis

Titel	Alter	Spielmaterial	Spielform	Seite
Alle Finger	3		TS	122
Alle Kinder spielen Clown	3	Ja	FS	107
Alle Leut'	1		KS	71
Alle Neune	5	Ja	FS	82
Alle Vögel fliegen hoch	4		TS	124
Ampel rot	5	Ja	FS	28
Apollo	5		TS	30
Auf der Eisenbahn	1 1/2		KS	26
Auf geht es jetzt zum Rummelplatz	2		KS	106
Bimmel, Bammel, Bommel	1		TS	36
Bingo	1 1/2		KS	61
Budenzauber	2 1/2		KS	60
Das Fischlein	1 1/2		TS	44
Das Krokodil	1 1/2		TS	18
Das Kuckucksnest	3		FS	108
Das Schiff im Sturm	1 1/2		TS	33
Das sind meine Hände	2		FS	39
Das wilde Tier	4		FS	108
Der Apfelbaum	2		KS	88
Der Clown	3		KS	48
Der Flug zum Mond	4		TS	30
Der Flummi	5		FS	91
Der Gänsedieb	3		FS	21
Der Ponyhof	3	Ja	FS	111
Der Storch	3	Ja	FS	112
Der tanzende Pinguin	3		KS	15
Die Engelchen	1	Ja	FS	78
Die kleinen Gespenster	3	Ja	FS	51
Die Mühle	2 1/2		KS	113
Die Reise ins Regenbogenland	4		FS	103
Die Riesenschlange	4		FS	20
Dort oben auf dem Berge	2		TS	42
Dreh dich kleiner Kreisel	4		FS	116
Ein Besuch auf dem Bauernhof	4		TS	23
Ein Elefant wollt' bummeln gehn	1		KS	12
Ein Elefant, der wollte gern fliegen	1 1/2		TS	42
Ein Häschen wollt' spazierengehn	1 1/2		TS	96
Eine kleine Hexe	3	Ja	FS	57
Einer ist hier verschwunden	2	Ja	TS	77
Einsteigen, der Zug fährt ab	1	Ja	FS	27
Elefant, Fant, Fant	1		KS	13

Erläuterungen zu den Abkürzungen:

KS = Kreisspiel TS = Tisch-, Kreis- oder Fingerspiel FS = freies Spiel

Titel	Alter	Spielmaterial	Spielform	Seite
Es ging ein Zwerg im Grase	2		KS	63
Es schneit	2		TS	46
Es tröpfelt	1 1/2		TS	122
Es wackelt der Turm	3		TS	120
Fang den Ballon	3	Ja	FS	64
Feuer, Wasser, Blitz	4		FS	116
Fischers Fritze	3		TS	123
Flugzeug	1 1/2		TS	31
Fühl mal	3	Ja	TS	121
Geschicklichkeit ist Trumpf	4	Ja	FS	110
Gewitter	3	Ja	TS	79
Glöckchen fangen	3	Ja	FS	115
Graugänse saßen im Haferstroh	3		FS	109
Große Uhren	1		KS	70
Haare waschen	3		KS	94
Händesalat	3		TS	120
Hereinspaziert	3		KS	52
Herr Pinz und Herr Panz	2		TS	112
Herr Zwick und Herr Zwack	2	Ja	TS	38
Hoch am Himmel	3		FS	24
Hokus Pokus Fidibus	3	Ja	TS	55
Hör gut zu	4	Ja	FS	85
Ich bin ein dicker Tanzbär	2		KS	64
Ich bin ein kleiner Esel	1		KS	19
Ich bin ein kleiner Hampelmann	1		KS	67
Ich fahr' mit meinem Auto	3	Ja	FS	28
Ich hab' Euch etwas mitgebracht	1 1/2	Ja	TS	90
Ich heiße August Fridolin	2 1/2		KS	11
Ich heiße Björn	3	Ja	FS	82
Ich hüpfe	5		FS	111
Ich sitz' in meinem Flugzeug	4		FS	32
Ich sitz' mit meiner Zipfelmütze	2		TS	44
In Afrika	3		TS	99
Jetzt steigt Hampelmann	3		KS	98
Karussell	1 1/2		KS	62
Kasper	3		TS	95
Katz und Maus	4	Ja	TS	126
Kinder, kommt und turnt mit mir	2		KS	114
Kleiner Bär	2 1/2	Ja	FS	21
Kleiner Drache	4	Ja	FS	49
Komm, wir wollen tanzen	3		KS	117
Kugelbahn	1	Ja	TS	84
Lange, lange Riesenschlange	2		FS	16
Luftballon	1	Ja	FS	76
Luftballonspiele	1	Ja	FS	76

Erläuterungen zu den Abkürzungen:

KS = Kreisspiel TS = Tisch-, Kreis- oder Fingerspiel FS = freies Spiel

Titel	Alter	Spielmaterial	Spielform	Seite
Mauseloch	2		KS	18
Mein kleines Murmeltier	1		TS	36
Meine Hände sind verschwunden	1 1/2		TS	43
Nadel und Luftballon	2 1/2		TS	97
O money	3		TS	45
Quatschlied	3		TS	40
Regentröpfchen	2	Ja	TS	123
Riese Timpetu	4		TS	102
Riesen und Elfen	5		FS	51
Schatzkiste	2 1/2	Ja	TS	90
Schneelawine	4	Ja	TS	85
Schwänzchen klauen	4	Ja	FS	115
Seht her	2 1/2		KS	66
Seht mal da, die Kinder kommen	2		KS	68
Seifenblasen tanzen	1	Ja	FS	74
Seifenblasenlied	1		FS	75
Spiele mit Eierpaletten	2	Ja	FS	84
Sternenhimmel	1	Ja	FS	80
Sterntaler	4	Ja	FS	83
Tanz der Aufziehtiere	5	Ja	FS	103
Tick, tack, tick, tack	3	Ja	FS	78
Ticke - Tacke - Tausendfüßler	4		FS	10
Ticke - Tacke - Tucke - Häuschen	2		TS	37
Tierzauber	3	Ja	FS	48
Timpe - Tampe - Zaubermann	3		FS	50
Traumlandexpress	3	Ja	FS	27
Tuchspiele	2	Ja	FS	110
Über den Wolken	5		TS	31
Was dreht sich da?	2 1/2	Ja	TS	126
Was hör' ich da von nebenan	3		KS	92
Was machen wir so gerne	3		KS	69
Was müssen das für Bäume sein	2 1/2		KS	14
Wer macht mit?	1		KS	17
Wickel - Wackel - Zaubermann	3		FS	58
Wind, Wind, sause	2	Ja	TS	125
Wir fahren mit dem Omnibus	4		KS	29
Wir gehen jetzt im Kreise	3		KS	65
Wir hüpfen wie ein Flummiball	2		FS	118
Wir spielen	2		TS	124
Wozu sind die Füße da?	3		KS	41
Zirkusvorstellung	4	Ja	FS	54
Zum Abschied	2		KS	72
Zwei Indianer	3		TS	100
Zwei Täubchen	2		TS	56

Erläuterungen zu den Abkürzungen:

KS = Kreisspiel TS = Tisch-, Kreis- oder Fingerspiel FS = freies Spiel

Von Pinguinen, Krokodilen, Elefanten, und anderen Tieren

Ticke-Tacke-Tausendfüßler

Text und Melodie: Gisela Mühlenberg **Alter: ab 4 Jahren**

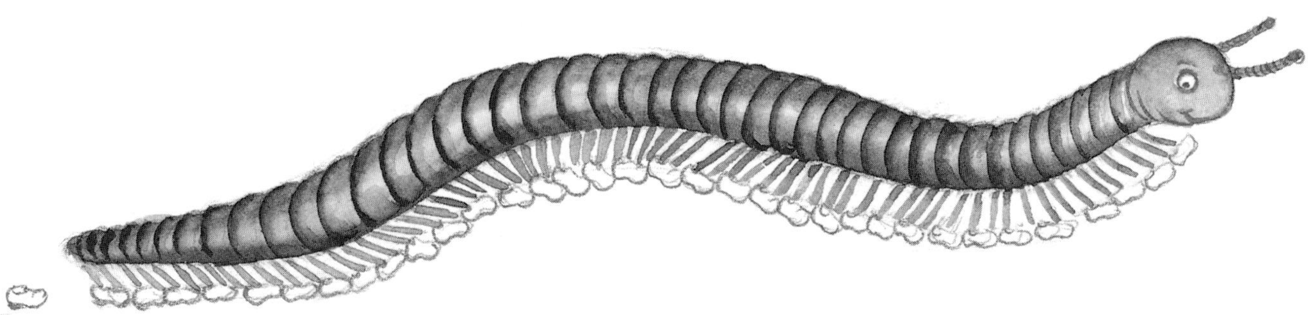

Dies ist ein lustiges Spiel zum Einsammeln von Kindern. Ein Kind beginnt zu singen und läuft dabei frei im Raum herum. Bei „Zwei Beine" bleibt es bei einem Kind stehen, das sich nun anhängen darf. Beide setzen bei „Tick" das rechte Bein und bei „Tack" das linke Bein vor. Dann beginnt das Spiel von vorn bis alle Kinder eingesammelt sind. Zum Schluß geht der Tausendfüßler mit allen Kindern im folgenden Rhythmus:

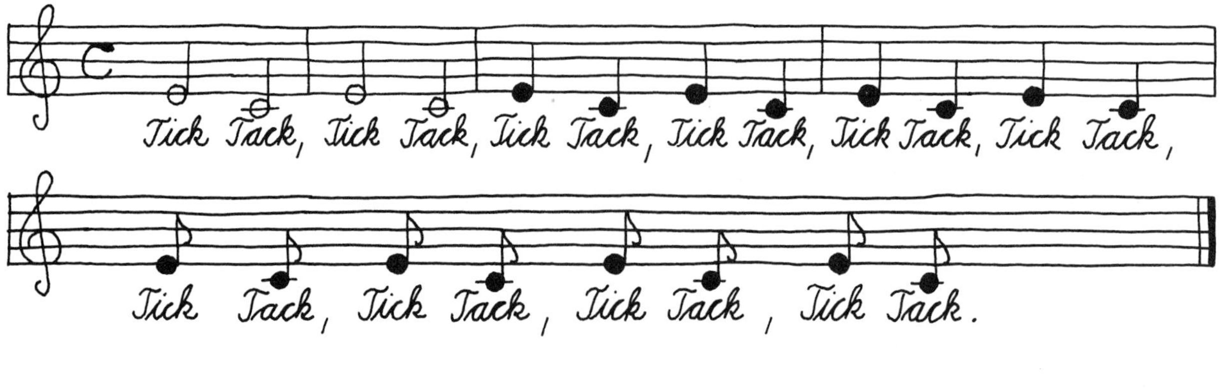

Ich heiße August Fridolin

Text und Melodie: Barbara Böke **Alter: ab 2 1/2 Jahren**

2. *Und meine Frau heißt Wulliwisch.*
   Sie schwimmt im Wasser wie ein Fisch.
   Wadi...

3. *Wir haben auch noch Kinderlein,*
   die wackeln lustig hintendrein.
   Wadi...

4. *Und wollt ihr uns mal wackeln sehn,*
   dann müßt ihr in den Zirkus gehn.
   Wadi...

aus: H. Große-Jäger (Hrg.)
Musikpraxis - Arbeitshilfen für Musik in Kindergarten und Grundschule,
Heft 33, Seite 13, Fidula Verlag, Boppard/Rhein und Salzburg

Bei der ersten Strophe stehen die Pinguinkinder im Kreis, zeigen auf sich und verbeugen sich etwas. Dann legen sie ihre Arme eng an den Körper, spreizen die Hände ab, watscheln und singen „wadi wapp“. Zum Schluß klatschen alle in die Hände.
In den folgenden Strophen werden die Bewegungen entsprechend dem Text gespielt. Die Pinguinkinder watscheln, schwimmen, laufen in einer Reihe und wackeln lustig hin und her.

Ein Elefant wollt' bummeln gehn

Überliefert. **Alter: ab 1 Jahr**

2. *Langsam setzt er Fuß vor Fuß,*
   denn er ist kein Omnibus.

3. *Bald ist er nicht mehr allein,*
   alles trampelt hintendrein.

4. *Und schon singt das ganze Land*
   das schöne Lied vom Elefant.

Die Kinder sitzen auf den Schultern der Eltern, die mit ihnen im Kreis herumtrampeln und singen. Sehr gut läßt sich das Lied „Elefant, fant, fant" an dieses Spiel anschließen.

Elefant, Fant, Fant

Überliefert. **Alter: ab 1 Jahr**

Wenn es direkt im Anschluß an das Spiel „Ein Elefant wollt' bummeln gehn" gespielt wird, bleiben die Kinder auf den Schultern sitzen, und die Eltern bewegen sich im Laufschritt im Kreis herum. Bei „Armer Elefant..." bleiben die Eltern stehen und beugen sich fünf mal leicht zur Kreismitte.

Variante mit älteren Kindern: **Alter: ab 3 Jahren**

Die Kinder laufen singend im Kreis herum. Als Rüssel strecken sie dabei den rechten Arm über die linke Armbeuge und fassen mit der linken Hand an die Nase. Als Belohnung erhalten sie zum Schluß, von ihren Eltern einen Kuß.

Was müssen das für Bäume sein

Überliefert. **Alter: ab 2 1/2 Jahren**

Was müssen das für Bäume sein,	– Kinder stehen im Kreis, strecken sich auf die Zehenspitzen und malen mit den Händen einen Baum in die Luft
wo die großen Elefanten spazierengehn,	– rechter Arm wird als Rüssel über die linke Armbeuge gelegt und die linke Hand faßt die Nase an.
ohne sich zu stoßen.	– die Hand schlägt leicht vor die Stirn
Rechts nur Bäume,	– beide Hände zeigen nach rechts
links nur Bäume	– beide Hände zeigen nach links
und dazwischen Zwischenräume,	– beide Hände zeigen in der Mitte von oben nach unten
wo die großen Elefanten spazierengehn,	– wie oben...
ohne sich zu stoßen.	– wie oben.

Der tanzende Pinguin

Text und Melodie: D. Kreusch-Jacob **Alter: ab 3 Jahren**

von: Dorothée Kreusch-Jacob
aus: „Da hüpft der Frosch den Berg hinauf"

Die Kinder watscheln frei im Raum herum. Sie legen die Arme eng an den Körper und spreizen die Hände ab.

Mauseloch

Alter: ab 2 Jahren

Der Kreis der sich anfassenden Eltern ist das Mauseloch. Die Kinder sind die kleinen Mäuschen; sie sitzen sicher in ihrem Mauseloch. Sie können nun durch die vielen Ausgänge unter den Armen der Eltern aus ihrem Nest nach draußen schlüpfen.
Aber aufgepaßt! Draußen lauert die Katze, die Mäuse fängt. Die Mäuse können aber immer wieder in ihr Mauseloch zurückflitzen, um sich in Sicherheit zu bringen.

Lange, lange Riesenschlange

Überliefert. **Alter: ab 2 Jahren**

Ein schönes Spiel, zum Einsammeln von mehreren Kindern zu Beginn einer Spielrunde. Der Schlangenkopf beginnt. Er beschreibt immer ein Kind, das sich als nächstes anhängen darf. So entsteht die Riesenschlange.

Wer macht mit?

Überliefert. **Alter: ab 1 Jahr**

Ein schönes Lied, um die Kinder zu Beginn eines Spielkreises an einem Punkt zu versammeln. Die Eltern beginnen zu klatschen und singen und signalisieren den Kindern damit, daß ihre Spiel- bzw. Abschlußrunde beginnt. Das Lied wird solange wiederholt, bis alle Kinder versammelt sind.

Variation:

Alle Kinder stehen im Kreis und fassen sich an. Einer geht singend um den Kreis und bleibt hinter einem Kind stehen. Dieses hängt sich an. So werden nun nach und nach alle Kinder eingesammelt.

Das Krokodil

Überliefert. **Alter: ab 1 1/2 Jahren**

Das Krokodil, das Krokodil	– eine Hand spielt das Krokodil
mit seinem großen Maul frißt viel.	– das Krokodilmaul wird auf und zu gemacht
Erst sitzt es schlafend unterm Baum,	– die Hand liegt ruhig auf dem Boden
doch plötzlich aus dem tiefsten Traum,	– spannend erzählen
da schnappt es zu.	– die Hand schnappt die Kleidung des Kindes

Variation: **Alter: ab 3 Jahren**

In großen Räumen kann das Spiel wesentlich lebhafter werden, indem die folgenden Zeilen angehängt werden.

Lauf so schnell du kannst,	– die Eltern klatschen in die Hände und die Kinder laufen weg
damit es dich nicht schnappen kann.	– die Eltern fangen die Kinder und nehmen sie auf den Arm

Ich bin ein kleiner Esel

Überliefert. **Alter: ab 1 Jahr**

Die kleinen Kinder werden bei diesem Spiel auf den Arm genommen und von den Eltern im Kreis herum getragen, geschaukelt und bei „I - a“ von den Eltern in die Mitte gebeugt.

Variation: **Alter: ab 3 Jahren**

Größere Kinder spielen das Lied frei improvisiert. Sie können weitere Strophen spielen und erfinden, wie z. Bsp.:

2. *Zwei kleine schwarze Katzen,*
   die schleichen durch die Welt,
   miauen hier, miauen dort,
   grad wie es ihn'n gefällt.
   miau...

3. *Drei wilde braune Hunde,*
   die laufen durch die Welt,
   sie bellen hier, sie bellen dort,
   grad wie es ihn'n gefällt.
   wuff, wuff...

4. *Vier schöne, grüne Frösche,*
   die hüpfen durch die Welt,
   sie hüpfen hier, sie hüpfen dort,
   grad wie es ihn'n gefällt.
   Quak, quak...

Die Riesenschlange

Überliefert. **Alter: ab 4 Jahren**

2. *Seht die große Riesenschlange,*
   sie geht aus zu ihrem Fange.
   Hin und her gehn Kopf und Schwanz,
   ja, das ist der Schlangentanz.

3. *Seht die große Riesenschlange,*
   sie geht aus zu ihrem Fange.
   Ringelt sich nun auch noch ein,
   sieht grad aus als wär sie klein.

4. *Nun beginnt sie sich zu winden,*
   zick-zack wird sie vorn und hinten,
   rechts und links gehn Kopf und Schwanz,
   und das ist der Schlangentanz.

aus: Anneliese Gaß-Tutt
Tanzkarussell, Band 1
Fidula Verlag Boppard/Rhein und Salzburg, 1972

Hand in Hand gehen alle Kinder durch den Raum und werden vom Schlangenkopf geführt. Sie gehen geradeaus, zick-zack und rollen sich zu einer Schnecke ein.

Kleiner Bär

Alter: ab 2 1/2 Jahren

Material: Decke – Tücher – kleine Möbel

In einem großen Raum stehen die Eltern auf einer Seite des Raumes. Jeder benötigt viel Platz um sich herum. Die Kinder sind die kleinen Bären, die in einer Höhle sitzen. Die Bärenhöhle kann entweder ein abgegrenzter Raum oder eine, aus Decken, Tüchern und kleinen Möbeln, gebaute Höhle sein. Einer der Eltern beginnt und ruft:

Eltern: *„Kleiner Bär, wo bist Du?"*
Bärenkind: *„Hier in meiner Höhle!"*
Eltern: *„Kleiner Bär, wie heißt Du?"*
Bärenkind: *„Maren!"*
Eltern: *„Kleiner Bär, wann kommst Du?"*
Bärenkind: *„Jetzt!"*

Dann tappt das Bärenkind aus der Höhle und rennt zur Bärenmutter oder zum Bärenvater. Diese/r fängt das Kind mit beiden Händen auf und wirbelt es ein- oder zweimal im Kreis herum. Nun werden alle Bärenkinder der Reihe nach aus der Höhle gelockt.

Der Gänsedieb

Alter: ab 3 Jahren

„Es waren einmal 1, 2, 3...Gänse, die lebten auf einem Bauernhof. Dort watschelten sie vergnügt über die Wiese und schnatterten vor sich hin. Doch eines Tages schaute ein Fuchs aus dem Gebüsch. Leise, ganz leise schlich er sich näher und näher und versuchte sich ein Gänschen zu ... schnappen!"

Während die Kinder zusammen auf dem Boden sitzen, hören sie sich gespannt die kleine Geschichte an. Bei der Aufzählung legen sie der Reihe nach eine Hand in die Mitte, sodaß ein Händeberg entsteht. Bei „schnappen" springen alle Kinder auf und laufen weg, damit der Fuchs sie nicht fangen kann.

Ein Besuch auf dem Bauernhof

Alter: ab 4 Jahren

Miriam und Lukas freuen sich schon riesig auf den Bauernhof. Heute ist es endlich so weit. Während sich ihre Eltern noch von der Reise ausruhen, können die beiden es vor Spannung kaum erwarten. Sie laufen gleich los. Kaum stehen sie vor der Haustür, da läuft ihnen auch schon eine Katze über den Weg. Sie möchten sie streicheln, aber die Katze läuft schnell weg. Lukas und Miriam laufen ihr nach. Die Katze schleicht durch einen Türspalt in den Stall. Es ist der Kuhstall. Viele Kühe stehen hier und kauen genüßlich ihr Heu. Die Bäuerin ist damit beschäftigt, die Kühe zu melken. Sie hat wenig Zeit und fragt die Kinder, ob sie schon die Schweine, Pferde, Hühner und den Hund gesehen haben? Die Kühe schmatzen laut vor sich hin. Die Kinder schauen sich die Kühe noch eine Weile an und machen sich dann auf die Suche nach der Katze. Da ist sie gerade im Schweinestall verschwunden. Die Kinder laufen ihr hinterher. Da stehen die Schweine und beginnen gleich laut zu grunzen. Sie denken, die Kinder würden ihnen etwas zu fressen bringen. Die Schweine machen einen solchen Lärm, daß die Kinder die Kühe nebenan nicht mehr hören können. Sie laufen schnell wieder hinaus. Vor dem Stall steht eine hohe Leiter, die auf den Heuboden führt. Sie klettern hinauf. Die Schweine quietschen immer noch laut. Aber da hören Lukas und Miriam auf dem Heuboden ein leises Miauen. Da ist die Katze ja wieder! Sie hat vier kleine Kätzchen bei sich. Wie niedlich! Sie streicheln die Kleinen kurz, merken aber schnell, daß dies der Katzenmutter nicht gefällt. Vom Heuboden aus können sie über den ganzen Bauernhof schauen. Da ist der Kuhstall, der Schweinestall, dort die Hundehütte und da hinten der Hühnerstall. Sie sehen die Pferde auf der Weide. Jetzt werden sie noch die Hühner und die Pferde besuchen gehen. Als Lukas und Miriam die Leiter wieder hinunterklettern, steht plötzlich der Hund neben ihnen. Er schaut etwas grimmig. Die Kinder reden ruhig auf ihn ein. Da wedelt der Hund vergnügt mit dem Schwanz, und die Kinder können ihn jetzt auch streicheln. Der Hund läuft mit ihnen zur Pferdewiese. Vorher kommen sie noch am Hühnerstall vorbei. Sie hören das Gackern schon von weitem. Einige Hühner sind draußen, und viele sitzen im Stall auf ihren Nestern. Der Hund darf nicht mit in den Hühnerstall. Nun laufen Miriam und Lukas schnell zu den Pferden. Vier Pferde sind auf der Weide, zwei Fohlen und zwei große Pferde. Von dort aus können die Kinder noch leise die Kühe, Schweine und Hühner hören. Die Katze ist ihnen hinterher geschlichen. Der Hund steht ruhig neben ihnen. Jetzt laufen die Kinder schnell zu ihren Eltern und erzählen, was sie alles gesehen haben.

Ein Erwachsener erzählt den Kindern diese oder eine ähnliche Geschichte, in der möglichst viele unterschiedliche Tiere wiederholt vorkommen. Die Kinder untermalen die Geschichte lautstark, indem sie die Tiere mit den passenden Lauten nachahmen. Mit Kindern ab fünf Jahren kann vorher vereinbart werden, wer von ihnen welche Tiere nachahmt. So müssen alle auf ihren Einsatz achten. Das wird ein lustiges Tierkonzert. Garantiert!

Hoch am Himmel

Überliefert. **Alter: ab 3 Jahren**

Hoch am Himmel,	– die Kinder stehen im Kreis und strecken sich
tief auf Erden,	– bücken sich
rundherum ist Sonnenschein.	– drehen sich mit ausgebreiteten Armen einmal um ihre eigene Achse
Wenn ich mal ein Tierlein wäre,	– zeigen mit den Fingern auf sich selbst
möcht'ich gern ein ... sein. *(Löwe, Katze, Hund etc.)*	– ein Kind wählt ein Tier, das alle gemeinsam nachahmen.

Mit Auto, Bahn und Bus
unterwegs

Auf der Eisenbahn

Überliefert. **Alter: ab 1 1/2 Jahren**

Alle Kinder und Eltern fassen sich an und gehen langsam im Kreis. Ab „Helft ein bißchen“ beginnt die Lokomotive langsam schneller zu werden. Bei „Tsch, tsch, tsch“ dampft sie so schnell sie kann im Kreis herum.

Einsteigen, der Zug fährt ab

Alter: ab 1 Jahr

Material: 1 Decke

Voraussetzung für dieses Spiel ist ein glatter und rutschiger Boden. Ein oder besser zwei Erwachsene fassen je einen Zipfel der Decke und rufen: „Alles einsteigen, der Zug fährt gleich ab!" Ein oder zwei Kinder setzen sich auf die Decke und werden von den Eltern durch den Raum gezogen. Am Bahnhof hält der Zug, und die Kinder steigen aus. Nun können andere Kinder mitfahren.

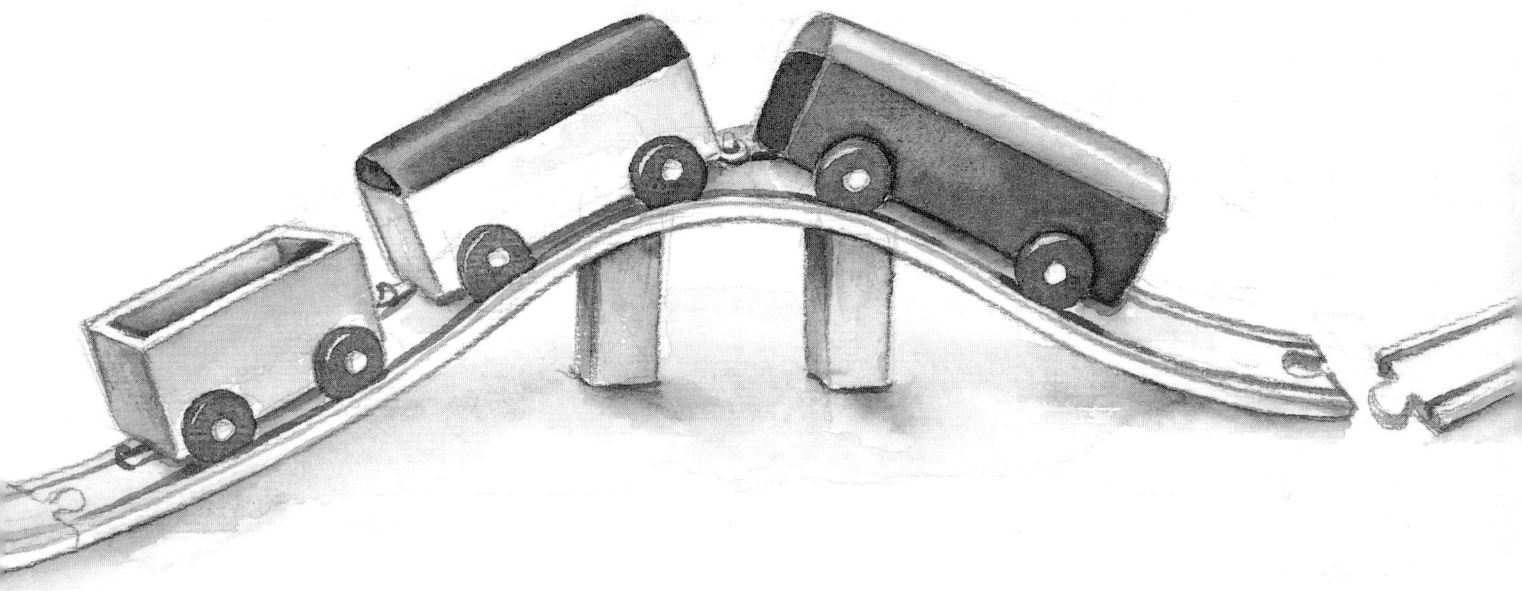

Traumlandexpress

Alter: ab 3 Jahren

Material: Stühle – Kisten – Polster

Die Kinder bauen sich gemeinsam aus den verschiedenen Materialien ihren Traumlandexpress, mit Lokomotive und vielen Anhängern. Der Express braucht natürlich einen Lokomotivführer, einen Schaffner, einen Kontrolleur und viele, viele Fahrgäste. Das Tolle am Traumlandexpress ist, daß die Fahrgäste bestimmen können, wohin die Reise geht – in den Urlaub, an die See, in die Berge, zu einer Zirkusvorstellung, in den Zoo oder ins Schlaraffenland. Nun steigen alle ein, der Schaffner gibt das Signal, und schon hört man die Dampfmaschine. Auf geht's!
Nachdem die Karten kontrolliert sind, quietschen die Bremsen, das Ziel ist erreicht, und alle steigen aus.
Alle Kinder staunen, erleben, spielen. Irgendwann treten sie die Rückreise an oder wählen ein neues Ziel.

Ich fahr' mit meinem Auto

Überliefert. **Alter: ab 3 Jahren.**

Material: eine Schaffnerkelle

Die Kinder singen und fahren – sich frei bewegend – im Raum herum. Bei dem Signal „Rot" bleiben alle stehen und bei „Grün" fahren alle weiter. Die Signale können durch eine Kelle mit roter bzw. grüner Markierung unterstützt werden. Auf jeden Fall sollten die Kinder vorher über Straßenverkehr, Autos, Ampeln und Regeln sprechen und zur gegenseitigen Rücksichtnahme angeregt werden.

Wir fahren mit dem Omnibus

Text und Melodie: R. R. Klein **Alter: ab 4 Jahren**

2. Wir fahren mit der Straßenbahn.
Komm, steig ein!
Wir fahren mit der Straßenbahn
ganz allein.
Kommt sie an der Kreuzung an,
bimmelt sie so laut sie kann.
Komm, steig ein!

3. Wir fahren mit der U-Bahn.
Komm, steig ein!
Wir fahren mit der U-Bahn
ganz allein.
Fährt die U-Bahn in den Schacht,
wird im Wagen Licht gemacht.
Komm, steig ein!

Text: Hanna Schachermeister, Melodie: Richard Rudolf Klein
aus: Willkommen lieber Tag, Band 2
Verlag Moritz Diesterweg, Frankfurt am Main 1969

Ein Lied, das sich sehr schön in Rollenspiele der Kinder einbauen läßt. Die Kinder bauen sich aus Stühlen, Möbeln, Kissen oder Polstern einen Bus, eine U-Bahn oder Straßenbahn. Die Kinder steigen ein, legen gemeinsam ihr Reiseziel fest und singen während der Fahrt mit vereinten Kräften.

Ampel rot

Alter: ab 5 Jahren

Material: Seilchen – Stäbe – Reifen – Kiste – Decken – Schaffnerkelle

In einem großen Raum bauen die Kinder mit den verschiedenen Hilfsmitteln Straßen, Parkplätze und einen Kreisverkehr auf. Die Ampel ist eine Schaffnerkelle, die jeweils in verschiedene Richtungen gedreht wird.
In einem Gespräch über Straßenverkehr, Ampeln, Kreisverkehr etc. klärt man mit den Kindern gewisse Regeln ab.

Der Flug zum Mond

Alter: ab 4 Jahren

Auf geht's zum Mond! Wer von Euch möchte gerne mitfliegen?
Alle natürlich!
Die Kinder setzen sich in einen Kreis und überlegen, welche Farbe ihre Rakete haben soll. Gemeinsam bauen sie pantomimisch eine Rakete in die Mitte und malen sie ihren Wünschen entsprechend an. Alle stellen sich vor, wie sie einsteigen, sich anschnallen, die Rakete starten und nacheinander die 1., 2. und 3. Stufe einschalten. Die Kinder machen die Motorgeräusche, und schon fliegen sie ab. Sie springen hoch und schreien. Dann fliegen sie langsam durch das All. Sie erzählen, was sie alles sehen und landen dann mit einem Ruck auf dem Mond. Sie bestaunen alles und schweben schwerelos über die Mondlandschaft. Dann steigen sie wieder ein, starten und fliegen zurück zur Erde, wo sie wohlbehalten landen.

Apollo

Überliefert.

Alter: ab 5 Jahren

Gesprochen: *„Sind Sie hier? – Bitte folgen Sie mir!"*

Die Kinder stehen im Kreis, während ein Kind als Apollorakete um den Kreis schwirrt und singt. Es bleibt hinter einem Kind stehen, klopft ihm auf die Schulter und sagt ganz abgehackt: „Sind Sie hier? Bitte folgen Sie mir!" Dann fliegen die beiden erneut los und sammeln auf diese Weise die anderen Kinder ein.

Über den Wolken

Alter: ab 5 Jahren

Wer hat Lust mit einem Heißluftballon zu fliegen? Alle - na gut!
Die Kinder legen sich hin, machen es sich bequem und starten zu einer Phantasiereise. Ausführlich und ruhig wird eine Geschichte erzählt, bei der die Kinder mit einem kleinen Bus durch eine schöne Landschaft tuckern und an einer großen Wiese Halt machen. Sie steigen aus dem Bus und sehen weit hinten etwas Buntes am Boden liegen.
Sie gehen dort hin. Es ist ein schöner bunter Luftballon in Regenbogenfarben. Er wird mit heißer Luft gefüllt. Der Korb wird aber noch durch Sandsäcke am Boden festgehalten. Die Kinder steigen ein. Dann heißt es: Leinen los, und der Ballon beginnt zu schweben. Ein schönes Gefühl ist das. Der Boden ist noch zum Greifen nah. Dann schweben sie höher und höher. Die zurückgebliebenen Menschen und Bäume werden immer kleiner, so klein wie im Spielzeugland. Was es da alles zu sehen gibt: Häuser, Tiere, Menschen, Autos und eine Eisenbahn. Die Ruhe, die himmlische Ruhe. Der Luftballon fliegt immer höher und immer weiter. Dann scheint sich der Ballon wieder zu senken, die Menschen und Häuser werden wieder größer. Die Gegend kommt den Kindern wieder bekannter vor. Da ist auch wieder der Bauernhof, und da steht auch der Bus. Gleich wird der Traum zu Ende sein. Der Ballon setzt auf dem Boden auf, und etwas benommen bleiben alle Kinder noch im Korb stehen. Sie sind gelandet. Sie sind wieder wach und steigen aus.

Flugzeug

Überliefert. **Alter: ab 1 1/2 Jahren**

Kommt ein Flugzeug angeflogen,	– die rechte Hand fliegt als Flugzeug
fliegt ganz hoch im hohen Bogen,	– sie fliegt weit nach oben
senkt sich auf die Erde nieder,	– sie geht zu Boden
kreist dann in die Höhe wieder,	– sie kreist in der Luft
rollt dann auf der Rollbahn aus,	– sie fährt über den Boden, alle Hände treffen sich in der Mitte
alle Leute steigen aus.	– die Finger krabbeln zurück zum Kind und kitzeln es

Ich sitz' in meinem Flugzeug

Überliefert. **Alter: ab 4 Jahren**

Melodie: „In einem kleinen Apfel“

2. *Jetzt dreh' ich eine Kurve,*
   Ihr Leute sollt mal sehn,
   wie ich in meinem Flugzeug
   mich rundherum kann dreh'n.

3. *Jetzt geh' ich langsam nieder.*
   Mein Ziel soll Bochum sein,
   und morgen flieg' ich wieder,
   denn Fliegen das ist fein.

Die Kinder fliegen während des Liedes frei durch den Raum. Sie breiten die Arme aus und kreisen im Raum. Sie zeigen entsprechend den Textstellen nach unten, winken, fliegen Kurven und drehen sich im Kreis, dann werden sie langsamer, bleiben stehen und legen sich zum Schluß auf den Boden.

Das Schiff im Sturm

Text und Melodie: Gisela Mühlenberg **Alter: ab 1 1/2 Jahren**

2. *Der Wind kommt auf, ihr merkt es schon,*
   es wackelt hin und her.
   Ein Sturm erfaßt das kleine Boot,
   wir fallen all' ins Meer.

3. *Wir schwimmen alle wie ein Fisch*
   im Wasser hin und her.
   Der Sturm läßt nach, die Wellen gehn,
   das Schiff schwimmt sacht im Meer.

In Eltern-Kind-Gruppen setzen sich je zwei Erwachsene mit gespreizten Beinen gegenüber auf den Boden. Die Füße berühren sich. In dieses Schiff können im Spiel zwei bis vier Kinder einsteigen. In Kindergruppen spielen je zwei Kinder das Schiff und ein Kind steigt ein.
Alle singen gemeinsam das Lied, das Schiff schaukelt langsam, die Kinder steigen ein und schaukeln mit. Der Wind wird stärker, alle schaukeln kräftig hin und her bis das Schiff umkippt. Die Kinder spielen Fische und steigen wieder ins Boot ein, sobald der Wind sich wieder gelegt hat. Nun kann das Lied von vorn beginnen.

Mit Händen und Füßen

Mein kleines Murmeltier

Text und Melodie: Gisela Mühlenberg **Alter: ab 1 Jahr**

Ein schönes Schmuselied, bei dem die Kinder zunächst die Nähe und das Streicheln genießen können. Zum Schluß werden sie von ihren Eltern kräftig durchgekitzelt.

Bimmel, Bammel, Bommel

Überliefert. **Alter: ab 1 Jahr**

Bimmel, Bammel, Bommel.	– Zeigefinger klopfen im Wechsel auf den Tisch oder den Boden
Die Katze spielt die Trommel.	– Fäuste trommeln
Die Mäuschen tanzen in der Reih,	– alle Fingerspitzen tanzen nach rechts und nach links
da wackelt die ganze Erde dabei.	– Hände klatschen auf den Tisch

Ticke-tacke-tucke-Häuschen

Überliefert. **Alter: ab 2 Jahren**

2. *Er macht ein Ticke-Tacke-Tucke-Tänzchen*
   mit seiner kleinen Frau, mit seiner kleinen Frau.
   er macht ein Ticke-Tacke-Tucke-Tänzchen
   mit seiner klitzekleinen Frau.

Mit Händen und einzelnen Fingern wird die Geschichte des kleinen Mannes erzählt. Jeweils bei „Ticke-Tacke-Tucke-Häusehen“ malen die Hände ein Haus in die Luft:

Ticke – die Hände zeigen das spitze Dach (Fingerspitzen zusammen, Handgelenke auseinander)
Tacke – sie malen die beiden Seitenwände von oben nach unten
Tucke – sie malen den Boden (Handgelenke zusammen und Fingerspitzen auseinander)

Der kleine Mann ist der rechte Daumen, der zunächst alleine und in der 2. Strophe mit der kleinen Frau (dem linken Daumen) zusammen in der Luft tanzt.

Herr Zwick und Herr Zwack

Überliefert. **Alter: ab 2 Jahren**

Material: Fingerhüte und -ringe

Herr Zwick und Herr Zwack	– rechter Daumen wackelt, linker Daumen wackelt
sind zwei Männlein im Sack.	– beide Daumen in der Faust verstecken
Herr Zwick hat einen Hut,	– rechter Daumen wackelt
Herr Zwack hat einen Kranz,	– linker Daumen wackelt
so geh'n sie zusammen zum Tanz.	– beide tanzen zusammen
Sie tanzen und springen,	– tanzen und springen
sie lachen und singen	
und machen gar lustige Sachen.	– Daumen balgen sich
Doch dann sind sie müde,	– Daumen bleiben stehen
Herr Zwick und Herr Zwack	– rechter Daumen wackelt, linker Daumen wackelt
und schlüpfen wieder in ihren Sack.	– Daumen verschwinden in den Fäusten.

Unterstützen kann man das lustige Spiel, indem man den Daumen mit Kugelschreiber Gesichter aufmalt und/oder ihnen einen Fingerhut als Hut und einen Fingerring als Kranz aufsetzt.

Das sind meine Hände

Überliefert. **Alter: ab 2 Jahren**

Das sind meine Hände, *die können allerhand.*	– Hände nach oben strecken und hin und her drehen
Bemalen Tisch und Wände	– in die Luft malen
und werfen auch mit Sand.	– pantomimisch Sand werfen
Doch wenn ich sing,	– klatschen
dann klatschen sie,	– klatschen
und wenn du gehst, dann winken sie,	– winken
denn das sind meine Hände,	– Hände nach oben strecken und hin und her drehen
die können allerhand.	– klatschen

Quatschlied

Überliefert. **Alter: ab 3 Jahren**

Aram sam sam, *Aram sam sam,*	– rhythmisch im Wechsel auf die Oberschenkel und in die Hände klatschen
gulli gulli gulli gulli	– Handflächen umeinander drehen
ram sam sam.	– im Wechsel auf die Oberschenkel und in die Hände klatschen
Arami, Arami,	– Arme vor der Brust verkreuzen und zwei mal verbeugen
gulli gulli gulli gulli	– Hände drehen
ram sam sam.	– klatschen

Nachdem alle Kinder ein- oder zweimal die Abfolge geübt haben, kann das Spiel ganz schnell, ganz langsam, ganz leise, ganz laut oder auch lautlos gespielt werden.

Wozu sind die Füße da?

Überliefert. **Alter: ab 3 Jahren**

2. Wozu sind die Hände da – zum Klatschen.
3. Wozu sind die Arme da – zum Schwingen.
4. Wozu sind die Beine da – zum Hopsen.
5. Wozu ist der Kopf denn da – zum Nicken.

Im 1. Teil des Spiels stehen alle im Kreis und klatschen im Rhythmus. Im 2. Teil machen alle die vorgegebenen Bewegungen.

Dort oben auf dem Berge

Überliefert. **Alter: ab 2 Jahren**

Dort oben auf dem Berge,	– einen Berg in die Luft malen, leise und spannend erzählen
1, 2, 3,	– Faust, 1,2,3 Finger nacheinander hoch stellen
da sitzen sieben Zwerge,	– spannend erzählen
1, 2, 3.	– wie oben
Da unten auf der Wiese,	– nach unten zeigen
1, 2, 3,	– wie oben
da tanzt der dicke Riese,	– mit Armen einen dicken Bauch zeigen, Arme hochstrecken
1, 2, 3.	– wie oben

Ein Elefant, der wollte gern fliegen

Überliefert. **Alter: ab 1 1/2 Jahren**

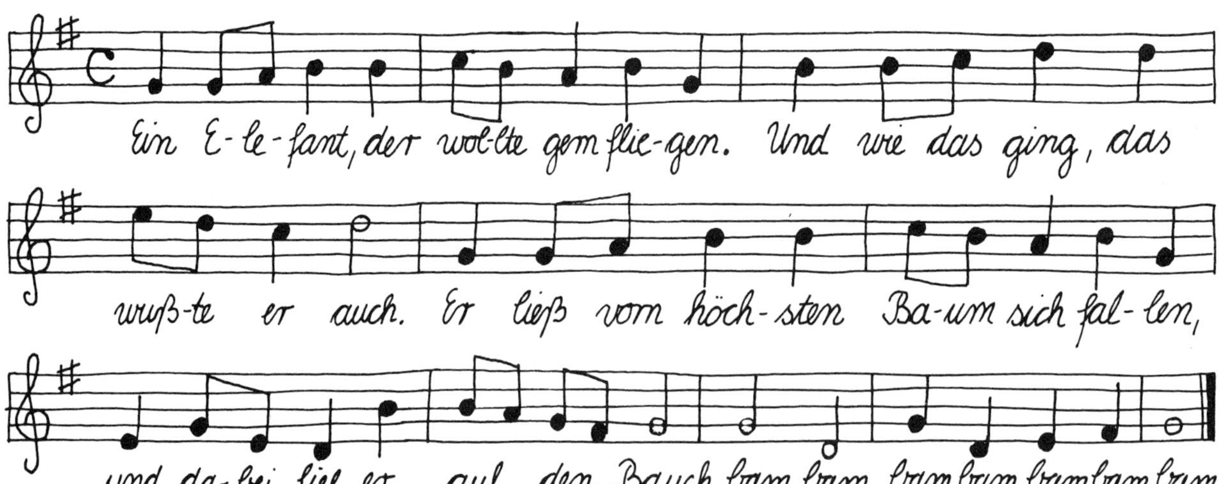

Die Kinder sitzen im Kreis auf ihren Füßen und klatschen im Rhythmus immer abwechselnd in die Hände und auf die Oberschenkel. Bei „bam bam" klatschen alle im Wechsel auf den Boden und in die Hände. Dann wird das Lied so schnell wie möglich wiederholt.

Variation:

In Eltern-Kind-Gruppen können sich die Kinder vor ihre Eltern hocken und ihnen beide Handflächen hinhalten. Die Eltern klatschen dann immer im Wechsel in ihre Hände und gegen die Hände der Kinder.

Meine Hände sind verschwunden

Überliefert. **Alter: ab 1 1/2 Jahren**

2. Meine Ohren sind verschwunden...
3. Meine Nase ist verschwunden...
4. Meine Augen sind verschwunden...
5. Mein Mund, der ist verschwunden...
6. usw.

Die Kinder sitzen mit ihren Eltern auf dem Boden und überlegen sich, was sie zuerst verstekken wollen. Sie verstecken der Reihe nach Hände, Ohren, Nase etc. und zaubern sie wieder her. Besonders kleinen Kindern macht es großen Spaß, Körperteile zu benennen und zu verstecken und weitere Körperteile zu finden, die versteckt werden können.

Das Fischlein

Überliefert. **Alter: ab 1 1/2 Jahren**

Im Wasser klar und frisch,	– die Hände machen leichte Wellenbewegungen
da schwimmt ein kleiner Fisch.	– Handflächen zusammenlegen (Fisch) und vorwärts paddeln
Springt, taucht, paddelt, ruht,	– der Fisch springt hoch, taucht tief, paddelt und ruht sich aus
läßt sich wiegen von der Flut.	– der Fisch macht langsame Wellenbewegungen
Das Fischlein hat es gut!	– und kleine Paddelbewegungen

Ich sitz mit meiner Zipfelmütze

Überliefert. **Alter: ab 2 Jahren**

Ich sitz mit meiner Zipfelmütze	– mit beiden Händen auf dem Kopf eine Zipfelmütze andeuten
auf einem großen Berg.	– einen großen Berg zeigen
Ich denke dies,	– nach rechts schauen und mit der rechten Hand von der Stirn weg nach rechts zeigen
ich denke das,	– das gleiche nach links
ich schaue hier,	– Hände als Scheuklappen für die Augen an den Kopf halten und nach rechts
ich schaue dort,	– und links schauen
und wenn mich einer sucht,	– Hände auf die Oberschenkel legen
dann bin ich einfach fort.	– Hände vor die Augen

O money

Überliefert. **Alter: ab 3 Jahren**

Ein Endloslied, bei dem sich Eltern und Kinder rhythmisch im Wechsel in die Hände klatschen und auf die Oberschenkel klopfen. Die erste Silbe jeder Strophe wird immer ganz lang gezogen.

Es schneit

Überliefert. **Alter: ab 2 Jahren**

Zuerst rieselt der Schnee,	– die zappelnden Finger der linken Hand spielen die fallenden Schneeflocken
dann fällt er ganz dicht. *Es schneit, es schneit,* *kein Ende in Sicht.*	
Die Kinder schreien:	– Finger der rechten Hand tanzen
„Wir bleiben nicht zu Haus. *Draußen, da toben wir uns aus."*	– Finger beider Hände balgen sich

Zirkus, Zauber,
Hexentanz

Der Clown

Text und Melodie: Gisela Mühlenberg **Alter: ab 3 Jahren**

Kennt ihr alle einen Clown,	– alle stehen im Kreis und strecken die Arme nach vorn, die Handflächen sind geöffnet
der ist lustig anzuschaun.	– eine kleine Verbeugung machen
Er watschelt mit den Füßen	– watscheln
und er wackelt mit den Ohr'n.	– Ohren zeigen und damit wackeln
Er hat riesengroße Schuhe	– auf die Füße zeigen und riesige Schuhe andeuten
und 'ne dicke Nase vorn.	– eine dicke Nase zeigen

Tierzauber

Alter: ab 3 Jahren

Materialien: verschiedene Instrumente

Mit Hilfe verschiedener Musikinstrumente versucht ein Zauberer, die Kinder in unterschiedliche Tiere zu verzaubern. Die Kinder wählen ein Grundinstrument, zu dessen Klängen sie vergnügt durch den Raum hüpfen. Verstummt die Musik, wünschen sich die Kinder vom Zauberer, in ein Tier z. Bsp. Elefant, Frosch, Tiger, Katze oder Storch verzaubert zu werden.

Der Zauberer wählt nun ein neues Instrument, spricht einen Zauberspruch, und beim Erklingen des neuen Instrumentes sind alle Kinder zum Beispiel Elefanten. Wenn die Musik wieder stoppt, bleiben alle Elefanten stehen und werden wieder in Kinder verzaubert, die zur Musik des Grundinstruments durch den Raum hüpfen, laufen und springen. Nun können sich die Kinder, so oft sie wollen, in die verschiedensten Tiere verzaubern lassen, die jeweils mit einem anderen Instrument begleitet werden.

Kleiner Drache

Alter: ab 4 Jahren

Material: Decken

Der kleine Drache schläft unter einem Tuch, einer Decke oder in einer kleinen Höhle. Die Kinder stehen davor und rufen im Chor:

Kinder: *„Kleiner Drache schläfst du noch?“*
Drache: *„Ja!“*
Kinder: *„Wie lange denn?“*
Drache: *„Bis 5 Uhr!“*

Dann zählen die Kinder langsam bis fünf und schon stürzt der Drache aus seiner Höhle und fängt sich ein Kind. Dieses Kind darf nun den Drachen spielen.

Timpe – Tampe – Zaubermann

Überliefert. **Alter: ab 3 Jahren**

Zauberspruch: *Hatschi kille kille knatschi bum,*
bim bam basi rum pum pum.
Ich mach aus Euch lauter Löwen
(Katzen, Hunde, Frösche, Schmetterlinge etc.)

Der Timpe Tampe Zaubermann verzaubert Kinder in alle möglichen Tiere. Er singt mit den Kindern das Lied, sagt dann den Zauberspruch: „Hatschi..“ und schon sind alle Kinder Löwen, Katzen etc. Ruft der Zauberer : „Rum pum pum“ werden die Tiere wieder zu Kindern und das Spiel kann mit einem anderen Tier wiederholt werden.

Die kleinen Gespenster

Alter: ab 3 Jahren

Material: dünne Tücher, Musik

Die dünnen Tücher verwandeln die Kinder in kleine Gespenster. Die Tücher müssen so beschaffen sein, daß niemand sieht, wer sich unter dem Tuch verbirgt, aber die Kinder unter den Tüchern selbst gut sehen können.
So können sie sich frei im Raum bewegen, und große Zusammenstöße sind fast ausgeschlossen. Etwas Vorsicht ist natürlich dennoch geboten. Mit einer leichten, schwebenden Musik kann der Geistertanz untermalt werden. Wenn zwei Gespenster aufeinander treffen, können sie durch Fühlen und Tasten erraten, wer sich unter dem Tuch versteckt hat.

Riesen und Elfen

Alter: ab 5 Jahren

Zwei Kinder spielen Riesen, die in ihrer Höhle sitzen (eine abgeteilte Ecke des Raumes, ein Teppich oder etwas Ähnliches). Die anderen Kinder sind die Elfen, die um die Riesen herumspringen. Auch sie haben eine Möglichkeit unterzuschlüpfen (z. Bsp. eine Gymnastikmatte oder eine andere Ecke des Raumes). Die Riesen beginnen nun laut zu rufen:

Es waren zwei Riesen – riesengroß,
die hausten in ihrer Höhle.
Sie sahen die schönen Elfen springen
und dachten, die werden wir fangen.
Achtung – fertig – los!

Bei „Los" stürmen die Riesen aus ihrer Höhle und versuchen die Elfen zu fangen. Gefangene Elfen werden in der nächsten Runde zu Riesen. Dann heißt es z. Bsp. „Es waren 5 Riesen..."
Das Spiel wird so lange wiederholt, bis alle Elfen gefangen worden sind.

Hereinspaziert

Text und Melodie: Gisela Mühlenberg **Alter: ab 3 Jahren**

Refrain

2. *Hört mal die Bären, Bären, Bären,*
wie sie brummen, brummen, brummen,
hört die Bären, Bären, Bären,
ja, sie brummen wirklich toll.

Refrain

3. Hört mal die Löwen, Löwen, Löwen,
wie sie brüllen, brüllen, brüllen,
hört die Löwen, Löwen, Löwen,
ja, sie brüllen schrecklich laut.

Refrain

4. Schaut mal die Tiger, Tiger, Tiger,
wie sie schleichen, schleichen, schleichen,
schaut die Tiger, Tiger, Tiger,
ja, sie schleichen jetzt ganz sacht.

Refrain

5. Schaut mal die Elefanten, fanten, fanten,
wie sie trampeln und trompeten,
schaut mal die Elefanten, fanten, fanten,
ja, sie trampeln wirklich laut.

Refrain

6. Schaut mal die Clowns, Clowns, Clowns,
wie sie toben, tanzen, lachen,
schaut mal die Clowns, Clowns, Clowns,
ja, sie machen ganz viel Quatsch.

Die Eltern und Kinder stehen im Halbkreis und singen den Refrain, während der Zirkusdirektor ihnen gegenübersteht und sich ganz tief verbeugt. Bei „Da ist die Freude..." weist der Zirkusdirektor auf seine Akteure.
Während der einzelnen Strophen verwandeln sich alle Akteure in die entsprechenden Tiere bzw. Figuren und machen typische Bewegungen und Laute.

Zirkusvorstellung

Alter: ab 4 Jahren

Materialien: Stuhl – Tisch – Reifen – Stäbe – Seilchen – Bälle – Luftballon – Ringe

Die Eltern sitzen voller Erwartung in einem großen Halbkreis und warten gespannt auf die Zirkusvorstellung der Kinder. Die Kunststücke können entweder vorher etwas einstudiert werden, oder die Kinder werden spontan vom Zirkusdirektor zu den verschiedensten Kunststücken animiert.

- Raubtiernummer
  Die Raubtiere klettern auf verschiedene Gegenstände (Tisch, Stuhl, Polster etc.), stehen auf einem Bein, kriechen durch Reifen bzw. einen Tunnel, springen über Seile oder Stäbe und fauchen wild dabei.

- Clownnummer
  Die Clowns machen Quatsch, zeigen eine lange Nase, fallen hin, watscheln etc.

- Jongliernummer
  Die Jongleure spielen mit Bällen, Ringen und Luftballons allein und zu zweit.

- Akrobatennummer
  Die Akrobaten balancieren über Stäbe und Seilchen, die am Boden liegen und über Bänke.

Der Phantasie sind bei einer solchen Zirkusvorstellung keine Grenzen gesetzt. Wichtig ist natürlich, daß das Publikum mit Applaus nicht spart.

Hokus Pokus Fidibus

Alter: ab 3 Jahren

Material: 3 Becher – verschiedene Gegenstände – Memory-Karten

Vor dem Zauberer stehen 3 umgedrehte Becher. Die Kinder schauen gespannt, was nun passiert.

1. Zaubertrick

Ein Gegenstand (z. Bsp. eine Kastanie) wird unter einem der Becher versteckt. Der Zauberer wechselt die Positionen der Becher ohne sie anzuheben.
Hokus Pokus Fidibus! Wo ist die Kastanie jetzt?

2. Zaubertrick

Der Zauberer legt drei verschiedene Gegenstände (z. Bsp. ein kleines Auto, einen Baustein und ein Holztier) unter die drei Becher. Er vertauscht langsam die Positionen der Becher. Die Kinder raten jetzt, wo z. Bsp. das Auto hingezaubert wurde.

3. Zaubertrick

Nun werden drei gleiche Gegenstände mit unterschiedlichen Farben oder unterschiedlicher Größe versteckt, und die Positionen erst nur zweimal und dann vielleicht fünfmal getauscht.
Hokus Pokus Fidibus! Wo ist denn jetzt der gelbe Bauklotz oder das größte Holztier geblieben?

4. Zaubertrick

Der Zauberer zeigt den Kindern vier verschiedene Gegenstände. Dann halten sich alle Kinder ihre Augen zu, und der Zauberer legt drei der Gegenstände unter die Becher. Die Kinder öffnen die Augen wieder, und der Zauberer hebt alle Becher hoch. Welcher der vier vorher gezeigten Gegenstände fehlt?

Diese und ähnliche Zaubereien lassen sich auch gut mit Memory-Karten durchführen.

Zwei Täubchen

Überliefert. **Alter: ab 2 Jahren**

Alle Kinder sitzen auf ihren Füßen am Boden und wollen gemeinsam etwas zaubern. Zunächst zaubern sich alle zwei Täubchen her. Sie strecken die Arme vor sich und wackeln mit den Fingern.

Dann sprechen alle gemeinsam den Text:

Zwei Täubchen sitzen auf einem Dach.	– Hände liegen auf Oberschenkeln
Das eine fliegt weg.	– eine Hand fliegt (Finger zappeln) hinter den Rücken
Das andere fliegt weg.	– die andere Hand fliegt weg
Das eine kommt wieder.	– die erste Hand kommt wieder
Das andere kommt wieder.	– die andere Hand kommt wieder
Da sitzen sie alle beide wieder.	– beide Hände fliegen rauf und runter und landen auf den Oberschenkeln

Variation: **Alter: ab 5 Jahren**

Die Kinder sitzen am Tisch und legen die Zeigefinger auf die Tischkante. Auf jedem Zeigefinger klebt ein selbstklebendes Etikett als Taube. Ein Täubchen wird verzaubert, indem die Kinder die entsprechende Hand bis hinter die Ohren heben und anstelle des Zeigefingers den Mittelfinger auf die Tischkante legen. So können die Kinder die Täubchen beliebig oft hin und wieder wegzaubern.

Eine kleine Hexe

Text: Überliefert.
Melodie: Gisela Mühlenberg

Alter: ab 3 Jahren

Material: Steckenpferde oder Gymnastikstäbe

gesprochen

Fli - fla - flum,
dreht euch um.

Eine kleine Hexe gönnt sich keine Ruh'. *Sie sitzt auf ihrem Besen* *und reitet immerzu*	– die Kinder reiten auf einem Besen (Gymnastikstab) durch den Raum
Fli fla - flum	– sie bleiben stehen
dreht Euch um!	– sie drehen sich in die Gegenrichtung

Wickel-Wackel-Zaubermann

Überliefert. **Alter: ab 3 Jahren**

In einem dunklen, dunklen Tann
wohnt ein alter Zaubermann.
Wickelt, wackelt mit dem Kopf – mit dem Kopf wackeln
und rührt in seinem Zaubertopf. – rühren
Feuer, Feuer flamme auf,
erhitze meinen Topf darauf.
Zauberstab geht hin und her,
kommt heraus ein...

(Dicker Bär, Krokodil, Esel, Elefant etc.)

Gemeinsam mit dem Zauberer sagen alle Kinder den Zauberspruch. Ein Kind darf sich zum Schluß der Zeilen ein Tier wünschen, das dann alle Kinder nachahmen.

Variation:

Die Kinder wünschen sich am Ende ein Spiellied, indem ein Tier vorkommt (s. Kapitel 1) . Dieses Spiel wird dann im Anschluß gespielt.

Mit viel Schwung im Kreis herum

Budenzauber

Text und Melodie: Gisela Mühlenberg **Alter: ab 2 1/2 Jahren**

Budenzauber, Budenzauber, *kommt, wir spielen alle mit.*	– alle drehen sich in einem großen Kreis
Budenzauber, Budenzauber, *wer macht alles mit?*	– alle klatschen in die Hände
Wir springen wie ein Känguruh, *durch die ganze Welt.* *Wir springen wie ein Känguruh,* *kommt macht alle mit!*	– alle hüpfen als Känguruhfrei im Raum umher

2. Wir fliegen wie ein Luftballon...
3. Wir stampfen wie ein Elefant...
4. Wir drehn uns wie ein Karussell...
5. Wir watscheln wie ein Pinguin...
6. Wir hüpfen wie ein Flummiball...

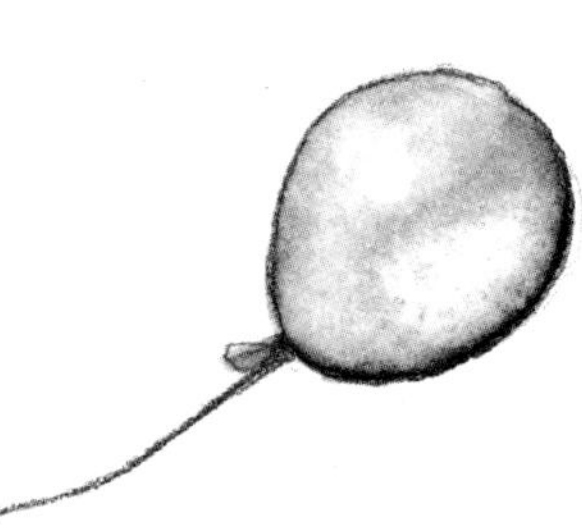

Die Bewegungen zu den folgenden Strophen ergeben sich aus dem Text.

Bingo

Überliefert. **Alter: ab 1 1/2 Jahren**

Es lebt ein Mann in unserm Land,
der Bingo ward genannt,
Es lebt ein Mann in unserm Land,
der Bingo ward genannt.
B I N G O,

B I N G O,
B I N G O,
der Bingo ward genannt,
B I N G O.

- alle stehen in einem großen Kreis und fassen sich an und drehen sich in eine Richtung.
- stehenbleiben

- Bingo wird buchstabiert, dabei bewegen sich alle in die Mitte
- alle gehen wieder ganz weit auseinander
- alle gehen in die Mitte
- alle gehen wieder ganz weit auseinander
- jetzt stellen sich die Kinder mit dem Rücken vor die Eltern, die Eltern fassen unter die Kinderarme. Bingo wird langsam buchstabiert. Dabei schleichen die Eltern mit den Kindern in die Mitte. Bei „O“ werden alle Kinder in der Mitte hochgeworfen.

Karussell

Überliefert. **Alter: ab 1 1/2 Jahren**

Das Karussell ist ein riesengroßer Kreis, in dem immer abwechselnd ein Erwachsener und ein Kind stehen. Zunächst dreht sich das Karussell im Kreis, dann hält es an, und alle trampeln zu „Einsteigen“ auf den Boden.

Bei „Festhalten“ lassen die Erwachsenen die Kinderhände los, umfassen die Oberarme der rechts und links neben ihnen stehenden Kinder, und dann geht’s los: Die Eltern heben die Kinder hoch und drehen sich mit den Kindern im Kreis.

Es ging ein Zwerg im Grase

Überliefert. **Alter: ab 2 Jahren**

Es ging ein Zwerg im Grase, so, so,so. – Eltern und Kinder gehen im Zwergengang im Kreis und deuten mit den Händen eine Zipfelmütze auf dem Kopf an

Das ging ihm bis zur Nase, so, so, so. – alle fassen an ihre Nase

Da hob er seine Beine, so so, so. – alle heben abwechselnd das rechte und das linke Bein

und stand auf einem Beine, so so, so. – Eltern fassen ihre Kinder zur Unterstützung an und alle stehen abwechselnd auf dem rechten oder linken Bein

Das Zwerglein steht auf einem Bein – alle hüpfen auf einem Bein im Kreis

Auf einmal fällt es um, plumps. – alle fallen um.

Ich bin ein dicker Tanzbär

Überliefert. **Alter: ab 2 Jahren**

In einem großen Kreis tanzen alle gemeinsam einmal links und einmal rechts herum. Bei „Komm, wir..." finden sich je zwei Kinder oder ein Erwachsener und ein Kind zusammen. Diese Paare tanzen nun ausgelassen im Raum herum.

Fang den Ballon

Alter: ab 3 Jahren

Material: Luftballon

Jedes Kind erhält zusammen mit seinem Vater / seiner Mutter einen Luftballon. Die Eltern lassen den Luftballon von hoch oben langsam herunterfallen. Das Kind versucht ihn zu fangen, bevor er zu Boden sinkt.

1. Variation:

Alle Eltern und Kinder stehen im Kreis und nur ein Luftballon ist im Spiel. Es wird vereinbart, welches Kind aus dem Kreis den Ballon fangen darf. Ein Erwachsener läßt den Ballon hoch oben fallen, und erst jetzt darf das Kind in den Kreis gehen, um ihn zu fangen.

2.Variation:

Im Spiel mit älteren Kindern wird der Name des Kindes erst in dem Moment genannt, wenn der Ballon losgelassen wird. Wenn das Kind den Ballon geschnappt hat, darf es ihn gleich wieder hochwerfen und einen neuen Namen rufen. Es muß schnell wieder auf seinen Platz im Kreis zurücklaufen, damit das nun aufgerufene Kind den Ballon schnappen kann. Usw.

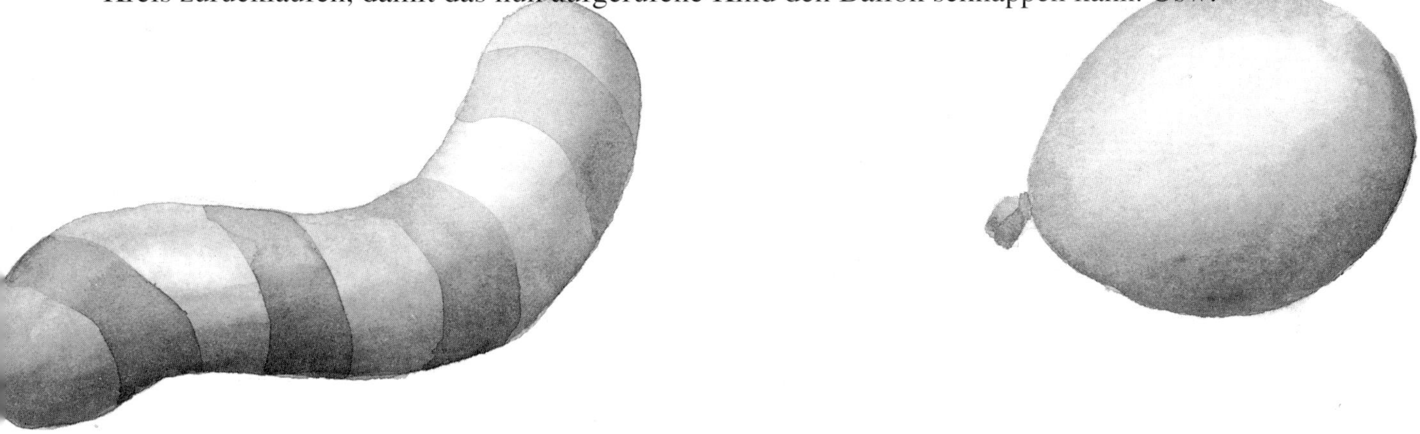

Wir gehen jetzt im Kreise

Überliefert. **Alter: ab 3 Jahren**

Alle Kinder singen gemeinsam das Lied. Das im Lied genannte Kind darf eine Bewegung vormachen, die von den anderen Kindern nachgeahmt wird. Dies kann beliebig oft wiederholt werden.

Seht her

Überliefert. **Alter: ab 2 1/2 Jahren**

2. *Und nun, und nun macht alle einen Sprung,*
   Und dann geht's wieder...

3. *Nun fix, nun fix macht alle einen Knicks.*
   Und dann geht's wieder...

4. *Nun seht, nun seht, wie sich die Kinder drehn.*
   Und dann geht's wieder...

5. *Und jetzt, und jetzt klatscht in die Hände fest.*
   Und dann geht's wieder...

Die Kinder fassen sich an und zeigen zunächst abwechselnd den rechten und den linken Fuß in die Kreismitte. Dann hüpfen alle im Seit - Galoppschritt im Kreis. Abschließend strecken alle Kinder wieder abwechselnd den rechten und linken Fuß in die Mitte. In den weiteren Strophen ergeben sich die Bewegungen aus den ersten Zeilen der Strophen.

Ich bin ein kleiner Hampelmann

Überliefert. **Alter: ab 3 Jahren**

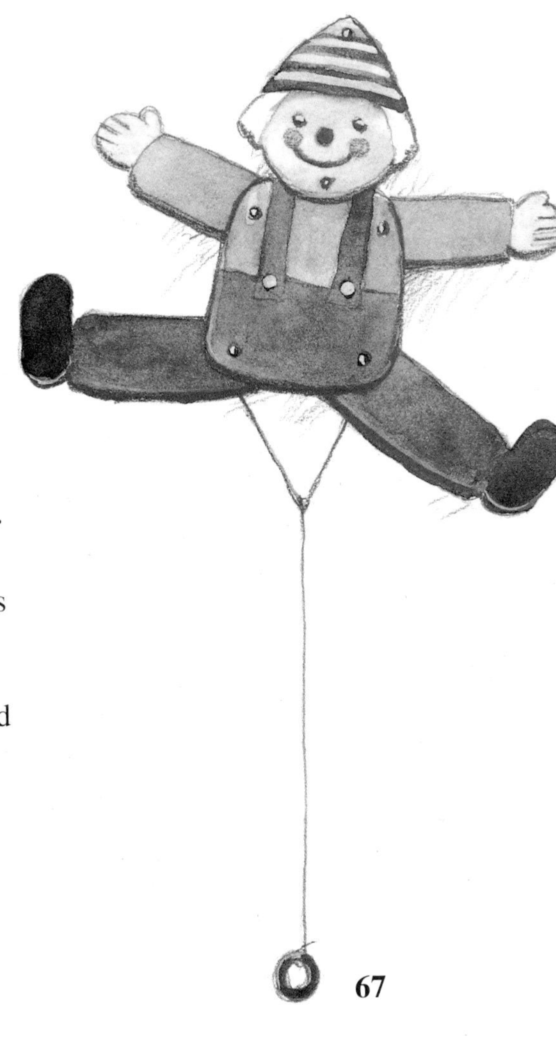

2. *Man hängt mich einfach an die Wand*
   und zieht an einem langen Band.
   Mal links...

3. *Wenn ich dann abends schlafen geh',*
   dann tut mir ja der Kopf so weh.
   Vom links...

Zunächst machen die Kinder hampelnde Arm- und Beinbewegungen. Dann bewegen alle den linken und rechten Arm hoch, gehen in die Hocke und machen den Hampelmannsprung.

Variation: **Alter: ab 1 Jahr**

Ganz kleine Kinder werden von den Eltern auf deren Armen als Hampelmann bewegt. Dazu halten sie die Kinder mit dem Rükken vor ihrem Bauch. Zunächst wiegen die Eltern mit den Kindern leicht hin und her, dann bleiben sie stehen, kippen das Kind leicht nach links, nach rechts, heben es etwas hoch, lassen es wieder herunter und kippen es schnell im Wechsel nach links und rechts.

Seht mal da, die Kinder kommen

Überliefert. **Alter: ab 2 Jahren**

2. Seht mal da, die Riesen kommen...

3. Seht mal da, die Zwerge kommen...

4. Seht mal da, die Hexen kommen...

5. Seht mal da, die Kasper kommen...

Eltern und Kinder gehen paarweise im Kreis, wobei die Eltern ihr Kind an ihre rechte Hand nehmen, so daß die Kinder einen Innenkreis und die Erwachsenen einen Außenkreis bilden.

1. Strophe:	alle gehen im Kreis
2. Strophe:	alle strecken ihren freien Arm in die Luft und gehen auf Zehenspitzen
3. Strophe:	alle gehen in der Hocke im Kreis
4. Strophe:	alle legen den freien Arm auf den gebeugten Rücken
5. Strophe:	alle hüpfen ausgelassen im Kreis herum

Variation:

In Kindergruppen bewegen sich die Kinder entsprechend der gesungenen Bewegung frei im Raum.

Was machen wir so gerne

Überliefert. **Alter: ab 3 Jahren**

2. *Was machen wir...*
   Stampfen, stampfen, stampf, stampf, stampf.

3. *Was machen wir...*
   Tanzen, tanzen, tanz, tanz, tanz.

4. *Was machen wir...*
   Nicken, nicken, nick, nick, nick.

Die Kinder stehen im Kreis. Im ersten Teil der Strophen klatschen sie in die Hände , im zweiten Teil machen sie die entsprechenden Bewegungen.

Große Uhren

Überliefert.

Alter: ab 1 Jahr

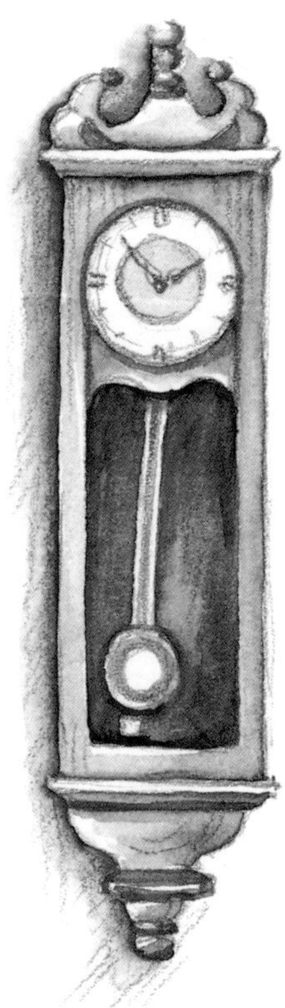

Schon ganz kleinen Kindern macht dieses Spiel großen Spaß. Eltern und Kinder bilden einen Kreis. Die Mütter und Väter nehmen ihre Kinder auf die Arme; dazu greifen sie von hinten unter den Achseln des Kindes durch und verschränken ihre Arme vor dem Bauch des Kindes. Die Kinder sind die Uhrpendel und werden rhythmisch, zuerst langsam und dann schnell, hin und her bewegt. Bei „Boing“ werden die Kinder auf den Boden gesetzt.

Alle Leut'

Überliefert. **Alter: ab 1 Jahr**

1. *Alle Leut', alle Leut'*	– klatschen
gehn jetzt nach Haus,	– ein Haus mit den Händen zeigen
gehn in ihr Kämmerlein,	
lassen fünf gerade sein,	– mit der Hand abwinken
alle Leut', alle Leut'	– klatschen
gehn jetzt nach Haus.	
2. *Große Leut', kleine Leut',*	– Arme tief und ducken
dicke Leut', dünne Leut',	– mit Armen dick und dünn zeigen
alle Leut', alle Leut'	– klatschen
gehn jetzt nach Haus.	

Ein schönes Abschlußlied, bei dem die Kinder allein oder mit ihren Eltern im Kreis stehen und die oben angegebenen Bewegungen machen. Besonders in festen Spielgruppen ist dieses Abschlußlied zum Ende der Spielzeit ein wichtiges Element, ohne das die Kinder bald nicht mehr nach Hause gehen wollen.

Zum Abschied

Text und Melodie: Susanne Bilstein **Alter: ab 2 Jahren**

Im Abschlußkreis singen alle gemeinsam das Lied und drehen sich zum Schluß schnell im Kreis.

Mit Decken,
Luftballons
und Seifenblasen

Seifenblasen tanzen

Alter: ab 1 Jahr

Material: Seifenblasen - Pappdeckel

Ein Spiel, bei dem die Kinder im Wechsel sehr ruhig, staunend den schwebenden Seifenblasen zuschauen und ausgelassen die tanzenden Blasen fangen können.

- Eine Mutter / ein Vater zaubert zunächst große und kleine, ganz viele und nur vereinzelte Seifenblasen und animiert die Kinder zuzuschauen, sie aufzupieksen, zu fangen oder sie langsam zum Boden schweben zu lassen.
- Auf einem Wollteppich bzw. einer Wolldecke bleiben die Seifenblasen liegen und können mit den Füßen zertreten werden.
- Besonderen Spaß macht es den Kindern, wenn sie die Seifenblasen mit einem Pappdeckel durch Fächeln in Bewegung setzen können.
- Die Spannung ist riesig, wenn man durch lang anhaltenden, ruhigen Atem einzelne, riesige Seifenblasen zaubert und zuvor ein Kind auswählt, für das die Seifenblase bestimmt ist.
  Für viele Kinder ist es zunächst schwierig, solange zu warten, bis sie „ihre" Blase fangen dürfen. Um die Spannung etwas zu nehmen, ist es sinnvoll zwischendurch immer wieder viele kleine Seifenblasen für alle Kinder zu machen.

Die Spiele mit den Seifenblasen können sehr schön mit dem folgenden Lied untermalt werden.

Seifenblasenlied

Text und Melodie: Gisela Mühlenberg **Alter: ab 1 Jahr**

2. *Sie sind rund...*
Und sie glitzern in der Sonne,
und die Kinder schau'n voll Wonne.
Seifenblasen, die...

3. *Sie sind rund...*
Ja, sie können so schön fliegen,
bleiben auf dem Boden liegen.
Seifenblasen, die...

Luftballon

Text: M. Austermann, G. Wohlleben

Alter: ab 1 Jahr

Melodie: Hopp, hopp, hopp, Pferdchen lauf Galopp.

Ein schönes Lied, das man gut bei Spielen mit Luftballons einsetzen kann. Es animiert die Kinder, sich frei im Raum zu bewegen und auszuprobieren, was sich mit einem Luftballon alles machen läßt.

aus: Austermann / Wohlleben:
Zehn kleine Krabbelfinger
Kösel Verlag, 1989

Luftballonspiele

Alter: ab 1 Jahr

Material: Luftballons - Reis- Pappen - Tücher

Luftballons wecken schon sehr früh das Interesse aller Kinder. Jedes Kind beginnt auch ohne Anleitung mit einem Ballon zu spielen. Er wird hochgeworfen, mit den Fingern gestupst und balanciert und anderen Kindern zugeworfen. Besonderen Spaß macht es, wenn der Luftballon mit einigen Reiskörnern gefüllt ist. Mit Pappen und Tüchern können die Ballons in die Luft geworfen und durch Fächeln in der Luft herumgewirbelt werden.

Variation: **Alter: ab 4 Jahren**

Mit größeren Kindern kann man sehr schöne Phantasiespiele machen, bei denen die Kinder selbst die Luftballons sind. Erst liegen sie ganz schlapp am Boden, dann werden sie aufgepustet, werden dicker und dicker und schweben dann leichtfüßig durch den Raum. Oder es werden alle Kinder gemeinsam zu einem riesengroßen Luftballon aufgeblasen. Die Kinder fassen sich an den Händen und kauern eng aneinander geduckt auf dem Boden. Der Luftballon wird aufgeblasen, er wird immer größer und größer, bis er schließlich platzt.

Einer ist hier verschwunden

Überliefert. **Alter: ab 2 Jahren**

Material: ein dünnes, großes Tuch

Die Kinder sitzen im Kreis auf dem Boden und halten sich die Augen zu. Nun verdeckt jemand ein Kind mit dem großen, leichten Tuch, und die Kinder dürfen die Augen wieder öffnen. Alle singen das Lied und versuchen zu erraten, wer unter dem Tuch versteckt wurde. Ganz kleine Kinder verstecken sich lieber gemeinsam mit ihren Müttern und Vätern.

Variation: **Alter: ab 5 Jahren**

Ein Kind geht hinaus. Die anderen Kinder tauschen ihre Plätze. Ein Kind versteckt sich unter dem Tuch. Dann kommt das Kind wieder in den Raum, alle singen, und das Kind rät, welches der anderen Kinder verschwunden ist.

Die Engelchen

Überliefert. **Alter: ab 1 Jahr**

Material: Decke

Ein Kind legt sich auf eine Decke und darf sich von zwei Erwachsenen zuerst sanft schaukeln und bei der 2. Strophe kräftig schütteln lassen. Bei „Bis in den Himmel..." wird das Kind weit nach rechts und links geschaukelt.

Tick, tack, tick, tack

Alter: ab 3 Jahren

Material: 1 Wecker

Ein ruhiges Spiel. Ein Kind darf im Raum einen tickenden Wecker oder eine Eieruhr verstekken. Die restlichen Kinder suchen den tickenden Wecker. Wer ihn gefunden hat, darf ihn erneut verstecken.

Gewitter

Alter: ab 3 Jahren

Material: verschiedene Instrumente

Jedes Kind sucht sich ein Instrument. Dann lauschen alle der folgenden Geschichte:

Wir machen zusammen einen Spaziergang, die Sonne scheint, und alle sind froh gelaunt. Doch plötzlich tauchen Wolken auf, es wird dunkel, und alle denken sich: Es wird doch wohl keinen Regen geben?
Und schon fällt der erste Regentropfen, es werden mehr, es prasselt und hagelt und dann - ein Blitz, ein Donner, Regen, Blitz, Donner, Regen, und alle Kinder laufen so schnell sie können. Doch sie werden alle pitschenaß. Es sind nur noch vereinzelte Blitze zu sehen und Donner zu hören, es regnet aber noch stark. Dann läßt auch der Regen nach, und schließlich fallen nur noch vereinzelte Tropfen.
Da scheint auch schon wieder die Sonne durch die Wolken, und das Gewitter ist vorbei.

Begleitet wird die Geschichte mit der Musik von den Kindern, die mit ihren Instrumenten zunächst langsam und leise, dann schnell und laut und wieder langsam und leise die Geschichte untermalen.

Sternenhimmel

Alter: ab 1 Jahr

Material: großes, leichtes Tuch (ca. 3 x 3 Meter)

Ein großes, leichtes Tuch ist ein schönes und vielseitig einsetzbares Spielmittel für Spielgruppen, Eltern-Kind-Turngruppen und für das Kinderzimmer zu Hause.
Das Tuch kann leicht selbst angefertigt werden, in dem man 2 oder 3 Bahnen leichten, glänzenden Futterstoff zusammennäht und auf den Stoff mit Stoffmalfarbe Sonne, Mond und Sterne malt. Zum einen kann es dazu benutzt werden, Höhlen oder ähnliches zu bauen, und zum anderen können folgende Spiele damit gemacht werden.

1. Alle Eltern und Kinder fassen das Tuch an und bewegen es erst ganz sacht und dann immer heftiger.

2. Das gleiche Spiel ist besonders schön, wenn zuvor aufgeblasene Luftballons - eventuell sogar mit etwas Reis gefüllt - auf das Tuch gelegt werden, die zunächst ganz langsam hüpfen und dann wild durch die Luft fliegen.

3. Das Tuch wird von den Eltern langsam auf und abwärts bewegt. Die Kinder machen sich klein, wenn das Tuch unten ist und werden ganz groß, wenn das Tuch oben ist.

4. Die Eltern schwingen das Tuch langsam auf und ab, und die Kinder laufen unter dem Tuch hin und her, solange es oben schwebt.

5. Die Eltern schwingen das Tuch so hoch es geht und lassen es ganz langsam wieder herunter. Die Kinder können sich unter das Tuch legen und entspannt den Sternenhimmel betrachten.

6. Eltern und Kinder schwingen das Tuch ganz hoch, dann hocken sich alle zusammen und ziehen das Tuch hinter sich herunter, sodaß Eltern und Kinder zusammen in einer kuscheligen Höhle sitzen.

7. Es wird eine Geschichte erzählt, bei der es Nacht wird! Der Mond und die Sterne gehen auf, die Kinder machen die Augen zu und schlafen. Das Tuch schwebt langsam über ihnen auf und ab. Dann geht die Sonne auf, die Kinder werden wach, und das Tuch wird lebhafter und schneller bewegt. Die Kinder stehen auf, tanzen und springen unter dem flatternden Tuch, und warten auf die nächste Nacht.

Ich heiße Björn

Alter: ab 3 Jahren

Material: 1 Ball

Zur Erinnerung und Einprägung der Namen der Kinder, die regelmäßig eine Kindergruppe besuchen, kann man mit einem Ball schöne Spiele machen.

1. Ein Vater / eine Mutter hält einen Ball in der Hand und sagt: „Diesen Ball werfe ich jetzt zu Björn!" Der Junge fängt den Ball und wirft ihn wieder zurück.
   Dann wird Fabian oder Antonia der Ball zugeworfen.

2. Etwas schwieriger ist es, wenn man einem Kind den Ball zuwirft und z. Bsp. sagt: „Ich heiße Bernd, und wie heißt Du?" Dann antwortet das entsprechende Kind und wirft den Ball zurück.

3. Eine weitere Möglichkeit ist, den Ball zu fangen, den Namen und eine Lieblingstätigkeit zu nennen, z. Bsp.: „Ich heiße Laura und kann gut springen!"
   (oder hüpfen, lachen, brüllen, krabbeln etc.)

Alle Neune

Alter: ab 5 Jahren

Material: Bälle, Seilchen

Die Kinder werden als Kegel am Ende einer durch Seile abgegrenzten Bahn aufgestellt. Die Eltern versuchen nun, der Reihe nach die Kegel zu treffen. Die getroffenen Kegel fallen um und werden zur Seite „geräumt". Besonderen Spaß macht es den Kindern, die Rollen zu tauschen, so daß die Kinder die Eltern umkegeln dürfen. Große Gruppen sollten in zwei kleine Gruppen aufgeteilt werden. Eine Gruppe spielt die Kegel, und die andere Gruppe wirft mit mehreren Bällen gleichzeitig alle Kegel um. Dann werden die Rollen getauscht.

Sterntaler

Alter: ab 4 Jahren

Material: Tücher, Luftballons

Die Sterne, die vom Himmel fallen, sind Luftballons. Je zwei Kinder fassen zusammen ein Tuch an den vier Ecken an. Die Luftballons werden von den Eltern in die Luft geworfen und von den Kindern mit den Tüchern wieder aufgefangen.
Haben sie den Ballon gefangen, schwingen sie ihr Tuch kräftig hoch, und der Luftballon schwebt erneut als Stern in ihr eigenes Tuch oder aber in das Tuch eines anderen Kinderpaares. Die Luftballons, die auf dem Boden landen, werden von den Eltern erneut ins Spiel gebracht.

Variation: **Alter: ab 5 Jahren**

Die Kinderpaare legen sich je einen Luftballon in ihr Tuch. Gemeinsam beginnen sie, ihre Luftballons in die Luft zu wirbeln und versuchen einen der Ballons wieder aufzufangen. Alle Luftballons, die auf dem Boden landen, scheiden aus. Zum Schluß spielen alle Kinder zusammen, möglichst lange, nur noch mit einem Luftballon eine Art Tennis.

Kugelbahn

Alter: ab 1 Jahr

Material: große Papprolle - Tennisbälle oder Glaskugeln

Kugelbahnen sind für Kinder ein faszinierendes Spielzeug. Eine große Papprolle wird auf ein Polster, eine Kiste oder etwas Ähnliches gelegt und schon ist die Kugelbahn fertig. Die Kinder werfen von oben Bälle oder Kugeln durch die Rolle und verfolgen staunend, wie die Bälle unten wieder herauskullern. Am besten baut man um die Kugelbahn eine kleine Absperrung, damit die Kugeln nicht durch den ganzen Raum rollen. Schön ist es auch, wenn die Kinder kleine Autos durch den Tunnel sausen lassen.

Spiele mit Eierpaletten

Alter: ab 2 Jahren

Material: Eierpaletten - kleine Bälle - Luftballons

Ausgediente Eierpaletten können zu einem schönen Spielzeug werden.

1. Jedes Kind bekommt einen kleinen, leichten Ball und eine Eierpalette. Mit der Palette versucht es den Ball hochzuwerfen und wieder aufzufangen.

2. Ein Erwachsener wirft den Ball und ein Kind schnappt ihn auf.

3. Zwei Kinder werfen einen Ball mit den Eierpaletten hin und her.

4. Mit einem Luftballon können die Kinder richtig Federball zusammen spielen.

Hör gut zu

Alter: ab 4 Jahren

Material: verschiedene Klanginstrumente

Nachdem die Kinder alle möglichen Instrumente gemeinsam ausprobiert haben, entscheidet sich jedes Kind für ein Instrument, mit dem sich der Vater/die Mutter des Kindes in eine Ecke des Raumes setzt. Die Kinder stehen in einiger Entfernung mit dem Rücken zu ihren Eltern. Nun spielen die Mütter/Väter der Reihe nach ihr Instrument, und die Kinder hören, ob dies „ihr“ Instrument ist, mit dem sie von ihren Eltern gerufen werden.

Schneelawine

Überliefert. **Alter: ab 4 Jahren**

Material: verschiedene Schlaginstrumente

Jedes Kind wählt ein Schlaginstrument. Nun wird die folgende kleine Geschichte erzählt:

Ein kleines Steinchen rollte munter
von einem hohen Berg herunter.
Und als es durch den Schnee so rollte,
da wurd es größer als es wollte.
Da sprach der Stein mit stolzer Miene:
„Jetzt bin ich eine Schneelawine!“
Die riß im Rollen noch ein Haus
und sieben große Bäume aus.
Dann fiel sie – bums – ins Meer hinein,
und dort versank der kleine Stein.

Zu der spannenden Erzählung machen die Kinder, dem Inhalt entsprechende, zunächst leise und sachte Schläge auf ihrem Instrument. Bei „Schneelawine“ donnern die Instrumente, bei „Haus“ ein Donnerschlag, dann sieben große Bäume also sieben Donnerschläge und dann noch ein Schlag, die Lawine plumpst ins Wasser, und das kleine Steinchen sinkt leise, sachte auf den Meeresgrund. Dann ist nichts mehr von den Instrumenten zu hören.

Wir machen Euch was vor

Der Apfelbaum

Überliefert. **Alter: ab 2 Jahren**

1. *Jetzt hol'ich meine Leiter* – pantomimisch eine Leiter nehmen
und stell'sie an den Apfelbaum. und hinstellen
Dann steig ich auf die Leiter, – mit Händen und Füßen
so hoch man sieht mich kaum. hinaufsteigen

Ich pflücke, ich pflücke, – Äpfel pflücken
mal über mir, mal unter mir, – oben, unten
mal rechts, mal links, – rechts, links
mein ganzes Körbchen voll. – zeigen wie groß das Körbchen ist

2. *Dann steig' ich auf die Leiter* – auf die Leiter steigen
und halt' mich an den Zweigen fest. – Zweige ergreifen
Dann mach' ich's mir gemütlich – Eltern hocken sich hin, das
auf einem dicken Ast. Kind setzt sich auf ein Knie

Ich wippe, ich wippe, – Kinder werden kräftig geschüttelt
di wipp di wapp, – wippen
di wipp di wapp – wippen
und falle nicht hinab.
Knicks - knacks - bracks. – die Kinder fallen vom Knie auf den Boden

Ich hab' Euch etwas mitgebracht

Alter: ab 1 1/2 Jahren

Material: Körbchen - Handpuppe

Eine schöne Anregung für Spielgruppen oder Kindergeburtstage, die man sehr gut an eine lebhaftere Spielaktion anschließen kann. Man versteckt eine Handpuppe in einem Körbchen und deckt sie mit einem Tuch ab. Ganz geheimnisvoll holt man das Körbchen und stellt es in die Mitte des Kreises. Gespannt warten die Kinder darauf, was wohl in dem Körbchen versteckt sein mag. Sie raten und schließlich, ganz vorsichtig, lugt ein Kätzchen oder eine andere Handpuppe aus dem Korb und beginnt sich mit den Kindern zu unterhalten. Sie fragt, wie sie heißen, was sie hier machen, was sie noch spielen möchten und vieles mehr. Ist das Kätzchen noch namenlos, können die Kinder gemeinsam einen Namen finden. Irgendwann legt sich das Kätzchen wieder in seinen Korb schlafen und verspricht, beim nächsten Treffen auf jeden Fall wiederzukommen.

Schatzkiste

Alter: ab 2 1/2 Jahren

Material: ein Karton, Handpuppen

Eine Schatzkiste ist immer ein schönes Mittel, um die Aufmerksamkeit der Kinder auf sich bzw. auf eine neue Spielaktion zu lenken. Sobald eine schön aufgemachte Kiste in die Mitte auf den Teppich gestellt wird, dauert es keine Minute, bis alle Kinder gespannt vor der Schatzkiste stehen.
In diesem Fall sind verschiedene Handpuppen in der Kiste versteckt. Geheimnisvoll wird die Kiste geöffnet und eine Handpuppe steigt vorsichtig heraus.
Diese stellt sich den Kindern vor, unterhält sich etwas mit ihnen und fragt, welches Kind denn einmal mit ihr spielen möchte. Nach und nach steigen alle Handpuppen aus der Schatzkiste, bis zum Schluß alle Kinder eine Puppe haben und alle gemeinsam etwas spielen können.

Diesen Trick mit der Schatzkiste kann man zu Beginn ganz vieler Spielaktionen - besonders gut auch auf Kindergeburtstagen - einsetzen. Man packt alle benötigten Materialien für ein Spiel ein, läßt die Kinder den Schatz auspacken und fragt sie, was man damit wohl machen kann. Solch eine Schatzkiste kann bei regelmäßigen Treffen von Spielgruppen zu einem festen Bestandteil der Spielkreise werden.

Der Flummi

Alter: ab 5 Jahren

Kennt ihr schon die Geschichte von Niko und seinem Flummi?
Niko spielt vergnügt mit seinem Flummi. Hopp, hopp, hopp springt der Flummi kreuz und quer über die Terrasse. Doch plötzlich ist er fort. Wo ist er geblieben? Da sieht Niko gerade noch wie er plopp, plopp, plopp die Treppe hinunter auf die Straße springt. Niko läuft so schnell er kann hinterher. Viele Treppenstufen sind es, sie scheinen kein Ende zu nehmen. Der Flummi wird immer schneller, und siehe da... er springt tatsächlich in ein Auto und fährt davon. Brrrm. Zum Glück kommt gerade Nikos Mutter nach Hause. Sie springen beide in ihr Auto und fahren hinterher. Brrrrm. Kurven, rechts, links, anhalten, schalten, weiterfahren. Da springt die Ampel zum Glück auf Rot. Beide Autos bleiben stehen. Niko springt aus dem Auto und läuft ganz schnell nach vorn. Da sieht er seinen Flummi, seinen schönen, glitzernden Flummi. Er nimmt ihn behutsam an sich. Der Autofahrer ist ganz verdutzt, er hatte den Flummi noch gar nicht bemerkt. Glücklich geht Niko zurück. Aber, oh Schreck, da rutscht der Flummi Niko wieder aus der Hand. Er hüpft in großen Sprüngen davon. Niko läuft so schnell er kann hinterher. Am Straßenrand steht sein Bruder Björn mit einem Freund. Der Freund leiht Niko sein Fahrrad. Björn und Niko radeln hinter dem Flummi her.

Sie fahren und fahren, aber der Abstand wird immer größer. Da springt der Flummi von der Brücke direkt auf einen Dampfer. Dort hüpft er noch ein paarmal und bleibt in einer Ecke ungesehen liegen. Nun müssen sich Björn und Niko aber beeilen, um rechtzeitig zur Bootsanlegestelle zu kommen. Sie stellen ihre Fahrräder auf der Brücke ab und springen in den Omnibus, der gerade an der Bushhaltestelle steht. Der Bus braust durch die Straßen, rechts und links, rechts und links. Das Schiff können sie sehen. Gerade als der Dampfer im Hafen anlegt, springen Niko und Björn aus dem Bus. Sie laufen so schnell sie können die Treppe hinauf, auf den Steg und auf das Schiff. Da liegt der Flummi. Vorsichtig hebt Niko ihn auf. Er hat Angst, der Flummi könnte ihm wieder wegspringen. Er steckt ihn schnell in die Hosentasche und geht vom Schiff. Doch dann will er noch einmal versuchen, ob der Flummi jetzt normal springt. Zum Glück. Er hüpft und hüpft und hüpft und... er läßt sich ganz einfach wieder einfangen. Schnell wieder in die Tasche damit.

Eine Bewegungsgeschichte, bei der sich die Kinder immer der Erzählung entsprechend bewegen - laufen, hüpfen, rennen, fahren etc. - Der Phantasie kann freien Lauf gelassen werden.

Was hör' ich da von nebenan

Überliefert. **Alter: ab 3 Jahren**

1. Was hör' ich da von nebenan,	– Hand an das Ohr halten
da ist was los.	
Ich laufe an den Zaun heran,	– Laufbewegung
der ist so groß.	– Arme hochstrecken
Ich will einmal von oben seh'n, so,	– auf Zehenspitzen stellen
so, so.	
Vielleicht kann ich dann besser	– Hand an die Stirn
seh'n, so, so, so.	
Ich kann nichts seh'n, ich kann	– verzweifelte Armbewegung
nichts seh'n, da drüben ist was los.	

2. *Was hör' ich da von nebenan, da ist was los.* – in die Hocke gehen
Ich will einmal von unten seh'n so, so, so.

3. *Was hör' ich da von nebenan, da ist was los.*
Ich will mal durch das Astloch seh'n, so, so , so. – Zeigefinger und Daumen formen ein Loch vor dem Auge

4. *Was hör' ich da von nebenan, da ist was los.*
Ich will ein Stückchen weiter geh'n, so, so, so. – nach rechts trippeln
Vielleicht kann ich dann besser seh'n, so, so, so.
Jetzt kann ich seh'n, jetzt kann ich seh'n, doch jetzt ist nichts mehr los. – enttäuschte Handbewegung.

Haare waschen

Überliefert.

Alter: ab 3 Jahren

1. *Haare waschen, Haare waschen sollte jedes Kind. Haare waschen, Haare waschen bis sie sauber sind.*	– Kinder rubbeln ihre Haare
Sind sie endlich sauber ja, doch leider ist kein Handtuch da. Drum	– bedauernde Bewegung.
müssen wir sie schütteln, schütteln, schütteln, schütteln, drum müssen wir sie schütteln bis sie trocken sind.	– Kopf schütteln.

2. *Arme waschen*

3. *Beine waschen*

Kasper

Überliefert.

Alter: ab 3 Jahren

Ich bin der Kasper.	– rechter Zeigefinger wackelt
Guten Tag, meine Damen und Herren!	– Zeigefinger verbeugt sich
Habt ihr alle den Kasper gern?	
Dann hol ich mir den Seppel gleich,	– linker Zeigefinger kommt dazu
wir machen einen bösen Streich.	
Wir schlagen uns, wir vertragen uns.	– beide Finger balgen miteinander
Da kam die Hexe Höckerbein;	– linker Zeigefinger kommt gebeugt
Kasper, du sollst verzaubert sein.	
Nein, nein, Hexe, da wird nichts draus:	– rechter Finger wackelt
Marsch mit dir ins Hexenhaus.	– vertreibt linken Finger hinter den Rücken
Jetzt kommt das große Krokodil,	– linke Hand macht ein Krokodilmaul
das frißt so viel.	– macht das Maul auf und zu
Das hat sich ganz leis' hingeduckt	– Hand liegt ruhig auf dem Boden
und hat den Kasper halb verschluckt.	– Hand schnappt den rechten Finger
Der Kasper ruckelt und zuckelt	– beide Finger wackeln
und ei der Daus, ist er wieder raus.	– rechter Finger kommt wieder frei
Jetzt geht's dir schlecht du Krokodil:	– vertreibt linke Hand hinter den Rücken
Marsch zurück mit dir zum Nil.	
Nun hol' ich mir das Gretelein:	
Komm Gretel, wir woll'n lustig sein.	– linker Finger tanzt
Tri - tra - trulala - tri - tra - trulala.	– beide tanzen zusammen

Ein Häschen wollt spazieren gehn

Überliefert. **Alter: ab 1 1/2 Jahren**

1. *Ein Häschen wollt' spazierengehn,* *spazieren ganz allein,*	– die rechte Faust spreizt Zeigefinger und kleinen Finger hoch, in der Luft spazieren
da hat's das Bächlein nicht geseh'n,	– die linke Hand macht Wellenbewegungen
und plumps fiel es hinein.	– die rechte Hand fällt auf die linke Hand

2. *Das Bächlein trieb dem Tale zu,* – beide Hände machen Wellenbewegungen
dort wo die Mühle steht, – die Unterarme kreuzen
und wo sich ohne Rast und Ruh' – beide Hände fangen oben an und
das große Mühlrad dreht. malen langsam ein Mühlrad in die Luft

3. *Ganz langsam drehte sich das Rad,* – beide Hände flach übereinander halten und umeinanderdrehen
fest hielt's der kleine Has'! – rechte Hand als Hase springt auf linke Hand und dreht sich langsam von unten nach oben
Und als er oben angelangt, sprang er hinab ins Gras. – rechte Hand springt runter

4. *Das Häschen lief nach Haus geschwind,* – rechte Hand wandert
vorbei war die Gefahr.
Der Vater klopft das Fell ihm aus bis daß es trocken war. – linke Hand klopft sanft die rechte Hand

Nadel und Luftballon

Text: Josef Guggenmoos **Alter: ab 2 1/2 Jahren**

Die Nadel – Zeigefinger als Nadel hoch zeigen
sprach zum Luftballon; – Kreis in die Luft malen
du bist rund – Runde zeigen
und ich bin spitz. – eine Spitze zeigen
Komm, wir machen einen Witz.
Da gibt's ein lustig Schnatterteng: – die Handflächen mehrmals aneinander vorbeistreichen
ich mach pieks – mit dem Zeigefinger pieksen
und du machst peng! – in die Hände klatschen

Jetzt steigt Hampelmann

Überliefert. **Alter: ab 3 Jahren**

2. Jetzt zieht Hampelmann sich seine Strümpfe an.
3. Jetzt zieht Hampelmann sich seine Hose an.
4. Jetzt wäscht Hampelmann sich auch noch sein Gesicht.
5. Jetzt putzt Hampelmann sich seine Zähne fest.
6. Jetzt ißt Hampelmann sein Butterbrot ganz auf.
7. Jetzt geht Hampelmann zur Schule frohgelaunt.
oder: zum Spielen frohgelaunt.

Die Kinder stehen im Kreis und spielen alle Strophen mit entsprechenden Handbewegungen. Der Phantasie der Kinder beim Erfinden weiterer Strophen sind keine Grenzen gesetzt.

In Afrika

Überliefert. **Alter: ab 3 Jahren**

2. *Das Nilpferd grüne Seife liebt,*
   die es zum Baden nutzt.
   Es sitzt so gern am Uferrand,
   und wenn es sich dann putzt,
   dann singt es: inge dinge...

3. *Der Papagei ein Vogel ist,*
   rot, grün und blau getupft,
   der sitzt so gern im Gummibaum,
   und wenn er dann so hüpft,
   dann singt er: inge dinge...

Ein lustiges Lied, das sich schön und phantasievoll mit Gestik und Bewegung darstellen läßt. Zum Refrain klatschen alle Kinder im Wechsel auf die Oberschenkel und in die Hände.

Zwei Indianer

Überliefert. **Alter: ab 3 Jahren**

1. Es waren einmal 2 Indianer,	– erzählen..., dabei sitzen alle auf ihren Füßen
die wollten gerne einen Löwen fangen.	
Der eine hieß hoooooooooo...	– Hand vor den Mund, Indianerruf
und der andere hieß huuuuuu...	– Indianerruf in tieferer Tonlage
Sie machten sich auf den Weg.	– Hände schlagen langsam im Wechsel auf die Oberschenkel
2. Zuerst kamen sie durch das hohe Gras.	– bei Gras: Handflächen aneinander reiben
Sie schauten nach rechts,	– rechte Hand über die Augen und nach rechts sehen
und sie schauten nach links,	– genauso nach links
aber kein Löwe war da.	– Arme nach vorne strecken, Handflächen nach außen
Dann gingen sie weiter.	– auf die Oberschenkel schlagen
3. Dann kamen sie über eine Brücke.	– beide Fäuste klopfen auf die Brust
Sie schauten nach...	– wie oben
4. Dann kamen sie an einen großen See.	
Sie sprangen hinein, schwammen durch,	– Kopfsprung in die Mitte spielen Schwimmbewegungen
schütteln sich ab.	– sich schütteln
Sie schauten nach...	– wie oben
5. Dann kamen sie durch die Sümpfe.	– beide Arme nach vorne strecken, die Finger jeder Hand mit den Spitzen zusammendrücken, Hände im Wechsel senkrecht auf und ab bewegen, dazu Schlürfgeräusche machen
Sie schauten nach...	– wie oben

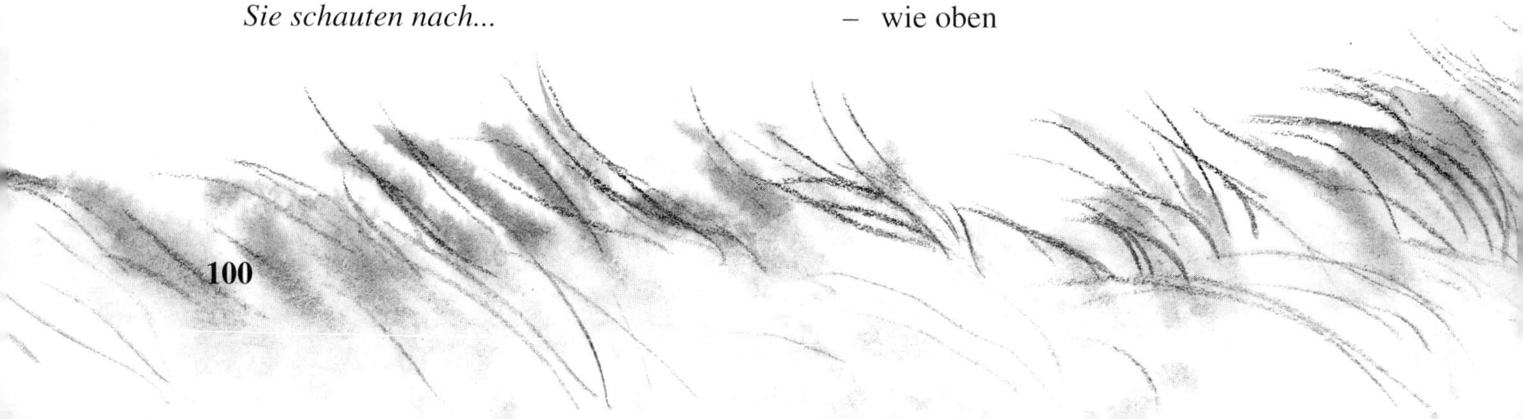

5. *Irgendwann wurden sie dann schrecklich müde. Sie legten sich hin und schliefen ein.*	– Handflächen aufeinanderlegen und Kopf zum Schlafen darauf legen
Doch plötzlich macht es ... Huuaahh	– spannend erzählen, laut brüllen
Sie dachten: Was ist das? Ist das der Löwe? Und rannten los.	– schnell auf die Oberschenkel schlagen
Durch die Sümpfe. Und rannten weiter bis zum großen See, da sprangen sie hinein, schwammen durch, schüttelten sich ab. Sie rannten weiter, über die Brücke und rannten weiter durch das hohe Gras. Sie rannten weiter... und plötzlich blieben sie stehen. Sie schauten nach rechts, sie schauten nach links. Aber kein Löwe war da! Was für ein Glück, da konnten sie sich wieder hinlegen und schlafen.	– jetzt wiederholen sich alle Bewegungen, die schon einmal oben beschrieben wurden.
	– Laut schnarchen!

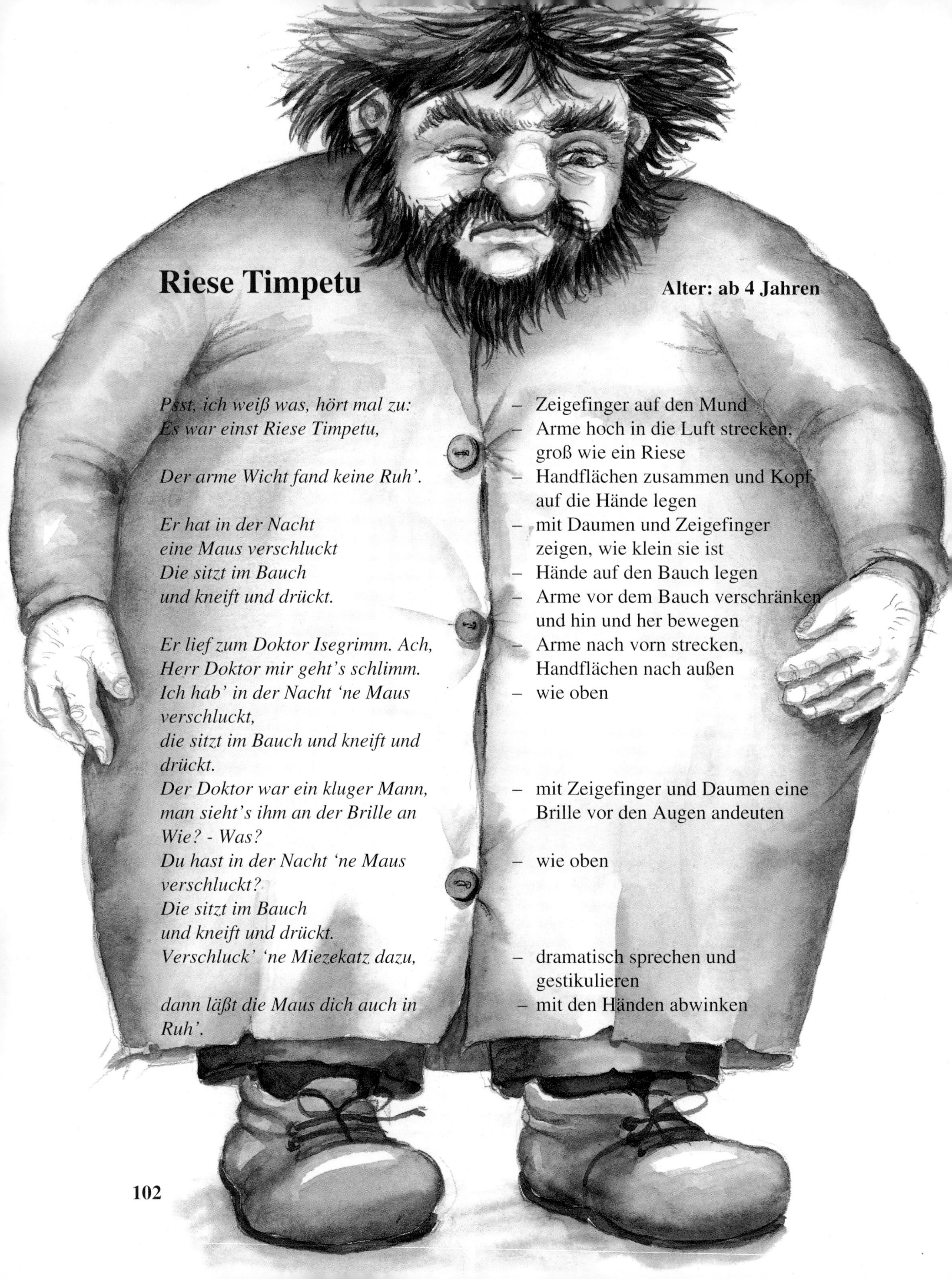

Riese Timpetu

Alter: ab 4 Jahren

Psst, ich weiß was, hört mal zu:	– Zeigefinger auf den Mund
Es war einst Riese Timpetu,	– Arme hoch in die Luft strecken, groß wie ein Riese
Der arme Wicht fand keine Ruh'.	– Handflächen zusammen und Kopf auf die Hände legen
Er hat in der Nacht *eine Maus verschluckt*	– mit Daumen und Zeigefinger zeigen, wie klein sie ist
Die sitzt im Bauch	– Hände auf den Bauch legen
und kneift und drückt.	– Arme vor dem Bauch verschränken und hin und her bewegen
Er lief zum Doktor Isegrimm. Ach, *Herr Doktor mir geht's schlimm.*	– Arme nach vorn strecken, Handflächen nach außen
Ich hab' in der Nacht 'ne Maus verschluckt, *die sitzt im Bauch und kneift und drückt.*	– wie oben
Der Doktor war ein kluger Mann, *man sieht's ihm an der Brille an*	– mit Zeigefinger und Daumen eine Brille vor den Augen andeuten
Wie? - Was?	
Du hast in der Nacht 'ne Maus verschluckt? *Die sitzt im Bauch* *und kneift und drückt.*	– wie oben
Verschluck' 'ne Miezekatz dazu,	– dramatisch sprechen und gestikulieren
dann läßt die Maus dich auch in Ruh'.	– mit den Händen abwinken

Die Reise ins Regenbogenland

Alter: ab 4 Jahren

Wer kennt denn wohl das Land über dem Regenbogen? Das Land in dem alles verdreht ist! Da laufen die Menschen rückwärts, die Flugzeuge fliegen und die Frösche hüpfen rückwärts. Niemand?
Dann wird es aber Zeit, daß wir alle zusammen dorthin fliegen, oder? Habt ihr eine Idee, wie wir dorthin kommen? Mit einer Rakete, einem Sputnik oder einfach mit einem Flugzeug?

Die Kinder entscheiden sich für ein Fahrzeug und treten gemeinsam die Phantasiereise an. Sie erzählen, phantasieren und spielen Situationen mit Bewegung nach. Im Land über dem Regenbogen angekommen, kommen sie aus dem Staunen nicht mehr heraus. Alles läuft verkehrt. Sie überlegen gemeinsam, was sie alles verkehrt herum machen können: laufen, hüpfen, krabbeln, auf dem Stuhl sitzen etc. und probieren es aus.
Nach einiger Zeit treten dann alle wieder den Rückflug nach Hause an. Hoffentlich funktioniert dort wieder alles richtig! Zuhause angekommen, probieren alle aus, ob sie wieder wie gewohnt laufen, hüpfen und springen können.

Hurra, es geht!

in Anlehnung an eine Spielidee aus: A. Breucker - Rubin: Da ist der Bär los Ökotopia Verlag, 1990

Tanz der Aufziehtiere

Alter: ab 5 Jahren

Material: 2 - 3 kleine Aufziehtiere

Kennt Ihr alle Aufziehtiere? Sicherlich, das sind doch die kleinen Tiere oder Figuren aus Metall, die man mit einem kleinen Schlüssel aufziehen kann. Da gibt es Frösche, die hüpfen, Hühner, die picken, Bären, die tanzen, Mäuse, die flitzen, Affen, die Musik machen, Autos, die fahren und Karussells, die sich drehen. Kennt Ihr noch andere Figuren?

So könnte ein Gespräch mit Kindern beginnen. Zur Veranschaulichung kann man ein oder mehrere solcher Figuren mitbringen und vortanzen lassen.
Nachdem alle gemeinsam genügend Figuren herausgefunden haben, überlegt sich jedes Kind, welches Aufziehtier es gerne sein möchte. Die Väter und Mütter beginnen nun, alle Kinder - nein besser: alle Frösche, Hühner, Bären etc. - auf dem Rücken aufzuziehen. Und schon beginnt ein lustiges Hüpfen, Picken und Tanzen.
Sind die Figuren abgelaufen, werden sie erst langsamer und bleiben dann starr in einer Position stehen. Jetzt müssen die Eltern schnell hinlaufen und sie wieder aufziehen.
In reinen Kindergruppen muß die Spielleitung alle Figuren aufziehen. Sie hat dann natürlich besonders viel zu tun.

Zum Toben, Turnen und Tanzen

Auf geht es jetzt zum Rummelplatz

Text und Melodie: Gisela Mühlenberg **Alter: ab 2 Jahren**

1. Auf geht es jetzt zum Rummelplatz, wir machen eine Sause. Die Kirmes kommt in uns're Stadt und keiner bleibt zuhause. Faßt alle an, das Karussell ist dran.

– alle dreh'n sich im Kreis

– alle dreh'n sich in die andere Richtung

– Eltern fasssen die Kinder unter die Achseln, heben sie hoch und drehen sie im Kreis

2. Auf geht es jetzt... Steigt alle auf, die Pferde geh'n im Dauerlauf.

– wie oben...

– Kinder steigen auf den Rücken ihrer Eltern und reiten mit ihren Pferden frei durch den Raum

3. Auf geht es jetzt... Jetzt geht es los, das Schaukeln ist famos.

– wie oben...

– Kinder setzen sich auf die verschränkten Hände der Eltern und lassen sich zwischen den lang ausgestreckten Armen hin und her schaukeln

4. *Auf geht es jetzt...*
Steigt alle ein, Dein Flugzeug wird das schnellste sein.

- wie oben...
- Eltern verschränken ihre Hände vor dem Bauch der Kinder, ihr linker Arm liegt über der linken Schulter und der rechte Arm zwischen den Beinen der Kinder, dann drehen die Eltern ihre Kinder kräftig im Kreis herum

Dies ist ein sehr lebhaftes Spiel, bei dem sich Eltern und Kinder, möglichst in einem großen Raum, austoben können.

Alle Kinder spielen Clown

Alter: ab 3 Jahren

Material: Klanginstrument

In einem großen Raum bewegen sich die Kinder zur Musik eines Klanginstruments (z. B. Glockenspiel) frei im Raum. Bei Musikstop werden die Kinder zu bestimmten Bewegungen aufgefordert. Alle Kinder hüpfen oder stehen auf einem Bein, legen sich hin oder klettern auf eine Bank. Sicherlich entwickeln die Kinder viele eigene Ideen (z. B. Clown spielen, Tiere nachahmen etc.). Dann spielt erneut die Musik und die Kinder erhalten im Anschluß daran eine neue Aufgabe usw.

Das wilde Tier

Überliefert. **Alter: ab 4 Jahren**

Je zwei Kinder hüpfen Hand in Hand im Kreis. Ein Kind hockt als wildes Tier in der Mitte. Die Kinderpaare laufen ausgelassen um das wilde Tier herum und singen das Lied. Bei „Um zwölf da kommt's" stürzt das wilde Tier aus seiner Höhle und fängt eines der davonlaufenden Kinder. Dieses Kind spielt in der nächsten Runde das wilde Tier.

Das Kuckucksnest

Alter: ab 3 Jahren

Der Kuckuck ist der Vogel, der es sich am liebsten in fremden Nestern bequem macht. Ein Kind spielt den Kuckuck und alle anderen Kinder sind kleine Vögel, die in ihren Nestern hocken. Die Nester bauen die Eltern, indem sie sich im Raum verteilt auf den Boden setzen, ihre Beine anhocken und die Füße nebeneinander stellen, so daß sich die Kinder zwischen die Knie setzen können. In diese Nester schlüpfen nun die Vogelkinder. Nur das Kuckuckskind hat kein Nest. Der Vater bzw. die Mutter dieses Kindes setzt eine Runde aus. Das Kuckuckskind oder ein Erwachsener ruft: „Alle Vögel fliegen aus!“ Und schon kriechen alle Vögelchen aus ihren Nestern und fliegen im Raum umher. Der Kuckuck fliegt mit. Dann ertönt : „Alle Vögel fliegen nach Haus!“ und jedes Vogelkind sucht so schnell es kann sein Nest auf. Das Kuckuckskind darf sich in irgendein Nest setzen. Das Kind, das überbleibt, darf in der nächsten Runde den Kuckuck spielen.

Variation: **Alter:ab 2 Jahren**

Kleine Kinder reagieren zum Teil sehr empfindlich, wenn sich ein fremdes Kind zu seiner Mutter bzw. seinem Vater kuschelt.
In diesem Fall kann auf den Kuckuck verzichtet werden. Dann haben alle Kinder ein Vogelnest. Sie fliegen gemeinsam aus und kommen wieder in ihr Nest zurück!

Graugänse saßen im Haferstroh

Melodie: Gisela Mühlenberg
Text frei nach Janosch **Alter: ab 3 Jahren**

Sprechgesang:
Da kam der Fuchs gegangen
und wollt sich eine fangen
und sagte... so!

Die Kinder spielen die Gänse, die vom Fuchs gestohlen werden. Zunächst hüpfen die Gänse vergnügt singend durch den Raum. Doch dann kommt der Fuchs mit seinem Sprechgesang und pirscht sich langsam an.
Die Gänse flattern herum und versuchen zu entwischen. Bei „so“ hat der Fuchs ein Gänschen gefangen. Er bringt es in eine Ecke des Raumes, wo es darauf wartet, daß ihm weitere gefangene Gänse Gesellschaft leisten. Sind alle Gänse gefangen, dürfen die Gänse den Spieß einmal umdrehen und mit vereinten Kräften den Fuchs fangen. Haben sie ihn erwischt, sucht der Fuchs ein Gänschen aus, das nun den Fuchs spielen darf.

Tuchspiele

Alter: ab 2 Jahren

Material: große und kleine Tücher

Stellt man Kindern eine Kiste voller Tücher zur Verfügung, entwickelt sich spontan ihre Kreativität. Sie verstecken sich darunter, bauen Buden und Tunnel oder verkleiden sich damit. Darüberhinaus kann man sie zu vielen weiteren Spielen anregen.

1. Jedes Kind verwandelt sich mit dem Tuch in ein Gespenst.

2. Knotet man zwei Tücher an den Zipfeln zusammen und legt sie den Kindern auf die Schultern, verwandeln sich die Kinder in Schmetterlinge. Sie halten je einen Zipfel der beiden Tücher mit der rechten und linken Hand fest und flattern als Schmetterlinge durch den Raum.

3. Unter einem größeren Tuch können sich Kinder gut verstecken. Durch Fühlen versuchen andere Kinder herauszufinden, wer sich alles darunter versteckt hält. Dies endet meist in einem fröhlichen Gegacker.

Tip: Ausgediente Stoffwindeln lassen sich sehr gut mit Batikfarben einfärben. Diese Tücher können vielseitig einzeln, oder zu viert bzw. zu neunt zu größeren Tüchern zusammengenäht, gut in Spielen eingesetzt werden. Weiterführender Literaturhinweis:

Uli Geißler, Tausendfüßlers Taschentuch
Ökotopia Verlag, 1990

Geschicklichkeit ist Trumpf

Alter: ab 4 Jahren

Material: Seile - Reifen - Bank - Löffel - Bälle

In einem großen Raum werden verschiedene Stationen mit den entsprechenden Hilfsmitteln aufgebaut. Hier können die Kinder ihre Geschicklichkeit prüfen und verbessern. Stationen, bei denen sie z. Bsp. über ein Seil am Boden oder eine Bank balancieren, Bälle in eine Kiste oder einen Reifen zielen, kleine Bälle auf einem Löffel balancieren, unter einem Seil her krabbeln, Kegel umwerfen usw.

Ich hüpfe

Überliefert. **Alter: ab 5 Jahren**

Ein Kind beginnt auf einem Bein zu hüpfen und sucht sich dann das nächste Kind aus.

Der Ponyhof

Alter: ab 3 Jahren

Material: Seilchen - Steckenpferde - Gymnastikstäbe, eventuell Matten

Ein großer Raum wird im Handumdrehen zum Ponyhof. Eine Ecke des Raumes ist der Ponystall, der eventuell mit Hilfsmitteln wie Matten, Stäben oder Seilchen abgetrennt wird. In diesem Stall können sich die Kinder als Ponys immer wieder ausruhen. Hier werden sie verwöhnt, gestreichelt und gefüttert. Außerhalb des Stalles galoppieren die Ponys frei oder auf einem Steckenpferd bzw. Stab herum. An der Leine eines Erwachsenen oder eines anderen Kindes kann das Pferdchen natürlich auch geführt werden; dann muß es gut auf die Kommandos des Pferdeführers achten.
Besonders geschickte Ponys können sogar über kleine Hindernisse reiten. Als Hindernis kann ein Seilchen ganz locker gespannt werden, ein Stab auf den Boden gelegt werden oder ein kleiner Graben zwischen zwei Seilchen bzw. Matten aufgebaut werden.
Auf geht's!

Herr Pinz und Herr Panz

Überliefert. **Alter: ab 2 Jahre**

Herr Pinz und Herr Panz, *die gehen zum Tanz.* *Es gehen zum Tanz,* *Herr Pinz und Herr Panz.*	– die Kinder liegen rücklings vor den Eltern auf dem Boden, die Eltern nehmen die Kinderfüße in ihre Hände und bewegen abwechselnd den rechten und linken Fuß zum Körper des Kindes.
Erst gehen sie rechts herum, *dann gehen sie links herum,* *dann machen sie sooooooo.*	– die Eltern bewegen beide Füße mit Strampelbewegungen zur rechten Seite, zur linken Seite und dann zum Körper des Kindes
und dann.... *fang' ich den Floh.*	– die Eltern klatschen in die Hände und animieren die Kinder wegzulaufen, die Kinder laufen weg und die Eltern fangen sie

Der Storch

Überliefert. **Alter: ab 3 Jahre**

Material: Reifen

Der Storch, der steht so ganz allein	– die Kinder stehen in einem Reifen
in seinem Nest auf einem Bein.	– sie stellen sich auf ein Bein
Klappt mit dem Schnabel uns zum Gruß	– sie legen die Arme als Schnabel und klappen ihn auf und zu
und wechselt auf den andren Fuß.	– sie stellen sich auf das andere Bein
Dann breitet er die Flügel aus	– sie breiten die Arme aus
und fliegt zu einem andren Haus.	– und fliegen in einen anderen Reifen

Die Mühle

Überliefert. **Alter: ab 2 1/2 Jahren**

Die Mühle, die macht klapp klapp klapp,	– 3 mal Klatschen
der Müller, der macht trapp trapp trapp.	– 3 mal trampeln
Die Mühle, die braucht Wind Wind Wind,	– Arme wie Windflügel gegengleich schwenken
sonst geht sie nicht geschwind.	– Mühle langsam drehen
Wir zählen bis zehn,	
die Mühle bleibt stehn,	– Mühle bleibt stehn
wir zählen bis hundert,	– .... dreht schneller
die Mühle geht runter,	
Wir zählen bis tausend,	– Arme ganz schnell schwenken
die Mühle kann sausen.	

Kinder, kommt und turnt mit mir

Überliefert,
von der Autorin abgewandelt. **Alter: ab 2 Jahren**

1. *Kinder kommt und turnt mit mir,* *eins und zwei und drei und vier.*	– Eltern und Kinder stehen sich gegenüber, fassen sich an und schlenkern die Arme hin und her
Macht euch groß und duckt euch klein	– beide machen sich groß und ducken sich klein
und wieder groß und wieder klein.	– wiederholen
2. *Macht wie die Mühle klapp, klapp, klapp,*	– alle klatschen dreimal in die Hände
schwingt die Arme auf und ab.	– schwingen die Arme auf und ab
Wie die Ente Wackelschwanz, geh'n wir jetzt zum Ententanz.	– watscheln paarweise in der Hocke vorwärts
3. *Wie der Riese Tintentun, geh'n wir mit Riesenschritten nun.*	– gehen paarweise mit riesigen Schritten im Kreis und strecken den freien Arm hoch
Und das Zwerglein Trillerbein, trippelt lustig hinterdrein.	– die Paare trippeln auf Zehenspitzen im Kreis

Glöckchen fangen

Alter: ab 3 Jahren

Material: 15-20 cm lange Gummibänder - kleine Glöckchen - Tücher

Den Kindern werden vorbereitete Gummibänder mit 2-3 angeknoteten Glöckchen um die Fußgelenke gebunden. Ein Erwachsener verbindet sich die Augen und versucht die Kinder zu fangen. Die Kinder versuchen sich möglichst geräuschlos zu bewegen, um dem Fänger zu entwischen. Die Spielfläche muß auf jeden Fall begrenzt werden.

Variation: **Alter: ab 5 Jahren**

Je nach Größe der Kindergrupe werden zwei, drei oder vier Kinder als Fänger bestimmt. Allen anderen Kindern werden die Glöckchen umgebunden.

Schwänzchen klauen

Alter: ab 4 Jahren

Material: Bänder oder Tücher

Jedem Kind wird als Schwänzchen ein Band oder Tuch in den Hosen- oder Rockbund gesteckt. Dann bewegen sich alle frei im Raum, und jeder versucht jedem das Schwänzchen zu klauen. Dabei muß jeder darauf achten, daß ihm sein eigenes Schwänzchen nicht abhanden kommt. Hat jemand ein Schwänzchen gefangen, steckt er es sich auch noch an. So kann es vorkommen, daß zum Schluß alle Kinder hinter einem Kind herlaufen, das besonders viele Schwänzchen gesammelt hat.

Dreh dich kleiner Kreisel

Überliefert. **Alter: ab 4 Jahren**

Alle Kinder stehen im Kreis und singen das Lied. Ein Kind steht in der Mitte und dreht sich mit einem ausgebreiteten Arm um seine eigene Achse. Zum Schluß zeigt es auf ein Kind, das sich als nächstes im Kreis drehen darf.

Variation: **Alter: ab 2 Jahren**

In Eltern-Kind-Gruppen drehen die Eltern ihre Kinder als Kreisel um ihre eigene Achse. Ist der Kreisel ausgelaufen, wartet er, bis er erneut aufgezogen wird.

Feuer, Wasser, Blitz

Alter: ab 4 Jahren

Die Kinder bewegen sich in einem großen Raum (gehen, laufen, springen - eventuell mit Musikbegleitung). Es werden bestimmte Bewegungsanforderungen abgesprochen, die immer bei der Nennung eines bestimmten Begriffes von den Kindern möglichst schnell ausgeführt werden sollen.

z. B.
Feuer – alle legen sich auf den Boden
Wasser – alle stehen auf einem Bein
Blitz – alle springen auf einen Stuhl
Regen – alle hocken sich hin
etc.

Je mehr Begriffe im Spiel sind, um so schwieriger wird es natürlich. Es sollten aber nicht mehr als sechs Begriffe im Spiel sein, sonst wird es zu unübersichtlich. Wird das Spiel mit größeren Kindern gespielt, kann immer das zuletzt übrig gebliebene Kind als nächstes die Kommandos übernehmen.

Komm, wir wollen tanzen

Überliefert. **Alter: ab 3 Jahren**

1. *Komm, wir wollen tanzen, tanzen, tanzen.* – alle Kinder tanzen Hand in Hand im Kreis
   Komm, wir wollen tanzen,
   klatschen mit den Händen. – klatschen
   Tralalala, Tralala, – klatschen
   tanzen, das ist wunderbar. – tanzen
   Tralalala, Tralala, – klatschen
   tanzen ist so wunderbar. – tanzen

2. *stampfen mit den Füßen*

3. *klatschen auf die Beine*

4. *hopsen auf den Boden*

Wir hüpfen wie ein Flummiball

Text und Melodie: Gisela Mühlenberg **Alter: ab 2 Jahren**

Wir hüpfen wie ein Flummiball – alle hüpfen auf der Stelle,
auf und nieder. – springen hoch, gehen in die Hocke
Wir hüpfen wie ein Flummiball – hüpfen
hin und her. – springen nach rechts, und nach links

Wir hüpfen wie ein Flummiball – hüpfen
immer weiter. – vorwärts hüpfen
Wir hüpfen wie ein Flummiball – hüpfen
einfach weg. – machen einen weiten Sprung nach vorne und setzen sich gleich auf den Boden

Großen Spaß macht es den Kindern, wenn das Spiel einmal im Zeitlupentempo und anschließend ganz schnell gespielt und gesungen wird.

Rund um den Tisch

Händesalat

Alter: ab 3 Jahren

Alle Kinder hocken auf dem Boden oder sitzen um einen kleinen Tisch. Jemand beginnt und legt seine Hand flach in die Mitte. Das nächste Kind legt seine Hand obendrauf, dann das nächste usw.
Die Sitzreihenfolge braucht dabei nicht eingehalten zu werden. Allerdings ist es für kleinere Kinder einfacher, wenn die Reihenfolge eingehalten wird. Haben alle Kinder beide Hände in dem Stapel untergebracht, wird die unterste Hand weggezogen und wieder obendrauf gelegt. Das kann solange wiederholt werden, wie der Stapel einigermaßen geordnet steht. Meist entsteht aber in kürzester Zeit ein Händesalat, bei dem alle Hände durcheinander patschen.

Es wackelt der Turm

Alter: ab 3 Jahren

Ähnlich wie beim Händesalat werden auch bei diesem Spiel die Hände gestapelt, diesmal liegen die Hände aber nicht flach auf dem Tisch. Das erste Kind legt die Faust mit dem nach oben ausgestreckten Daumen auf den Tisch. Das nächste Kind legt seine Faust darauf, faßt den unteren Daumen und streckt den eigenen Daumen ebenfalls nach oben. Wenn alle Fäuste übereinander gestapelt sind, beginnt der Turm vorsichtig zu wackeln und alle sagen zusammen:

Es wackelt der Turm, es wackelt der Turm
die obere Spitze bricht ab.

Bei „ab" löst sich die obere Faust. Unter Umständen ist es leichter, wenn der Name des Kindes mit der obersten Hand genannt wird (z. B. Janas Spitze bricht ab). Ist der gesamte Turm abgebaut, kann er wieder von Neuem aufgebaut werden.

Fühl mal

Alter: ab 3 Jahren

Material: großes, dünnes Tuch - viele kleine Tücher - Korb - Spielzeuge - verschiedene Gegenstände und Materialien

Die Kinder sitzen im Halbkreis um einen kleinen Tisch. Auf der anderen Seite steht ein Korb voller Gegenstände und Spielzeuge, die für die Kinder nicht sichtbar sind. Im Korb können z. B. Bausteine, kleine Autos, Äpfel, Nüsse, Korken, Steine, Kastanien, Bierdeckel, Stifte, Papier, Watte etc. versteckt sein.

1. Es wird ein großer Gegenstand unter dem Tuch versteckt. Alle Kinder fühlen und raten nun gleichzeitig, was wohl unter dem Tuch ist.

2. Viele verschiedene Gegenstände sind unter dem Tuch verborgen, und jedes Kind soll einen erraten.

3. In die Mitte werden viele Gegenstände in doppelter Ausführung unter das Tuch gelegt und jedes Kind soll ein Paar durch Fühlen und Tasten herausfinden.

4. Nun werden nicht viele Paare, sondern zusammengehörige Gegenstände z. B. Teller und Löffel, Streichhölzer und Streichholzdose etc. unter dem Tuch versteckt. Die Kinder sollen nun zusammengehörige Gegenstände finden und erklären, warum sie zusammen gehören.

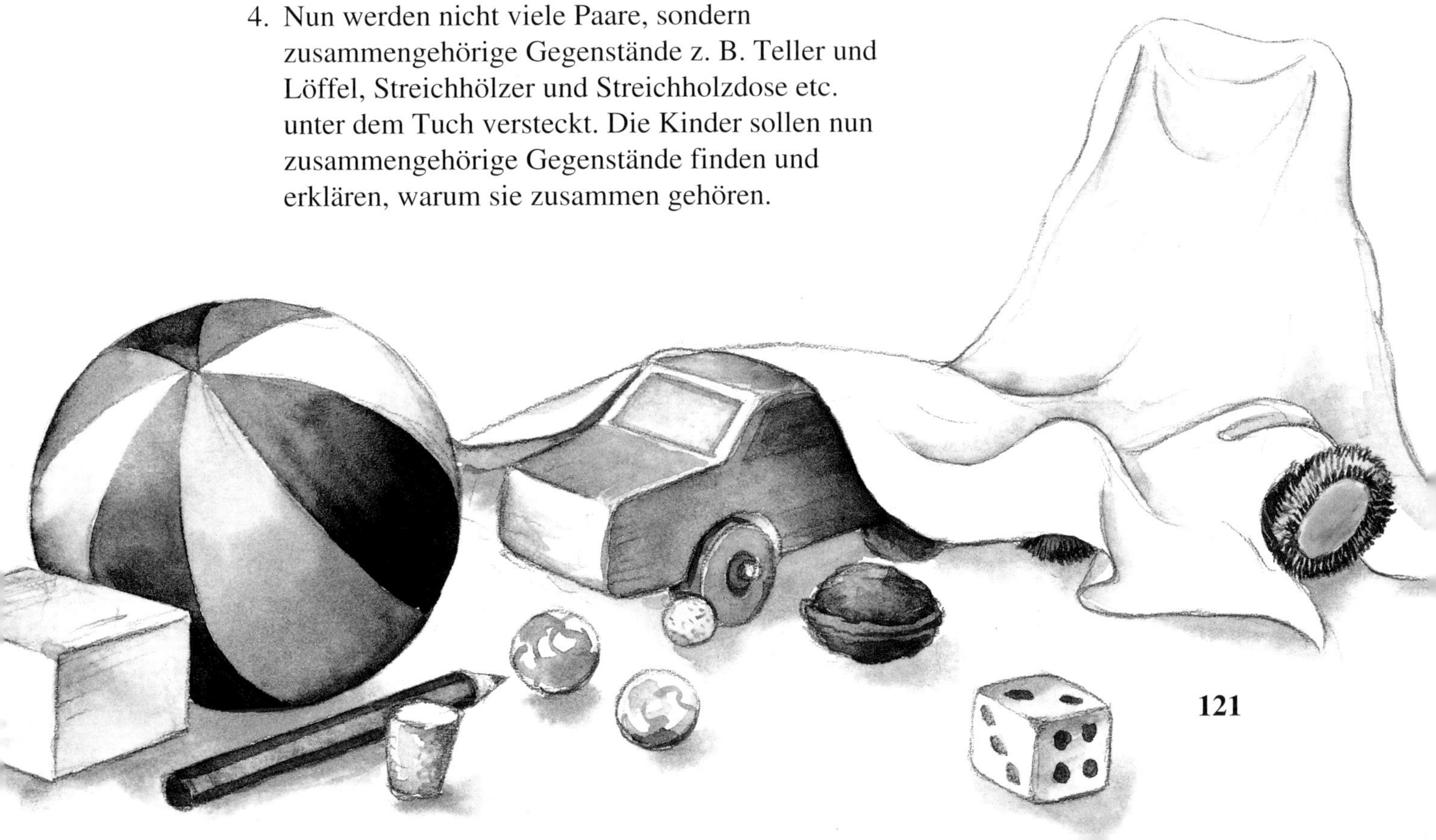

Es tröpfelt

Überliefert.

Alter: ab 1 1/2 Jahren

Es tröpfelt, es tröpfelt,	– Fingerspitzen tippen sacht auf den Tisch
er regnet, es regnet,	– Fingerspitzen klopfen
es hagelt es hagelt,	– Fingerspitzen poltern
es blitzt,	– einmal in die Hände klatschen
es donnert,	– mit den Fäusten auf den Tisch donnern
dann bläst der Wind die Wolken wieder weg,	– in alle Richtungen pusten
und dann scheint die Sonne wieder.	– mit beiden Händen einen großen Halbkreis in die Luft malen

Besonders effektvoll läßt sich dieses Spiel auf einer Blechtrommel, einem Tambourin oder einer Metalldose spielen.

Alle Finger

Überliefert.

Alter: ab 3 Jahren

Alle Finger klopfen leise auf dem Tisch.
Alle Finger verschwinden unter dem Tisch.
Alle Hände verschwinden hinter dem Rücken.
Alle Daumen schauen über die Tischkante.
Alle kleinen Finger tanzen auf dem Tisch.
Alle Fingernägel klopfen auf dem Tisch.
Alle Fäuste trommeln auf dem Tisch.
Alle Finger schlafen auf dem Tisch.

Alle Kinder sitzen rund um den Tisch und hören genau hin, welches Kommando gegeben wird. Erst wechseln die Kommandos langsam, dann immer schneller, zum Schluß schlafen die Finger auf der Tischkante ein. Wenn die Kinder das Spiel beherrschen, können sich alle reihum ein Kommando wünschen oder auch neue erfinden. Beim letzten Kind in der Runde schlafen dann alle Finger wieder ein.

Fischers Fritze

Alter: ab 3 Jahren

In einem großen Kreis legen die Kinder ihre Hände flach auf den Tisch. Die Hände sind die Fische im See, die von dem Fischer geangelt werden sollen. Der Fischer streicht über die Hände der Kinder und sagt:

Fischers Fritze hat gefischt und keinen Fisch er....-wischt!

Bei „...wischt“ versucht der Fischer, auf verschiedene Hände zu schlagen, während die Kinder blitzschnell ihre Fische wegziehen.

Regentröpfchen

Alter: ab 2 Jahren

Dies ist ein schönes Lied, das mit den Kindern beim Malen gesungen werden kann. Mit Wachsmalstiften malen die Kinder zu dem Lied das ganze Blatt voller Punkte und Kreise. Dann tauschen die Kinder ihre Farbstifte und beginnen von vorn. Am Ende haben alle ein schönes, buntes Regen- und Blumenbild.

Alle Vögel fliegen hoch

Alter: ab 4 Jahren

Alle Kinder sitzen am Tisch und legen die Zeigefinger auf die Tischkante. Eine beginnt. Sie trommmelt mit den Zeigefingern auf den Tisch und sagt dazu: „Alle Vögel fliegen hoch!“ Alle Kinder trommeln mit und bei „hoch“ heben alle ihre Hände in die Luft. Dann trommeln wieder alle und das Wort „Vögel“ wird durch die verschiedensten fliegenden oder auch nicht fliegenden Tiere oder Gegenstände ersetzt. Die Kinder müssen blitzschnell entscheiden, ob der genannte Gegenstand fliegen (z. B. Flugzeug, Meisen, Fliegen, Drachen) oder nicht fliegen kann (z. B. Häuser, Tische, Stühle, Elefanten etc.). Können die Gegenstände / Tiere fliegen, heben alle ihre Hände hoch; können sie nicht fliegen, bleiben die Hände unten.

Wir spielen

Überliefert.

Alter: ab 2 Jahren

Der Daumen klopft auf die Tischkante und dann der Zeigefinger. Dann löst der Mittelfinger den Zeigefinger ab usw. Das Spiel läßt sich auch auf die ganze Hand, die Fäuste, Ellenbogen, die Füße, die Arme etc. ausdehnen.

Wind, Wind, sause

Alter: ab 2 Jahren

Materialien: Watte - Seidenpapier - Federn - Tischtennisball - Papier - Strohhalme

Eltern und Kinder sitzen zusammen am Tisch. In der Mitte liegt zunächst nur ein Wattebausch. Dieser wird durch Pusten von Eltern und Kindern in Bewegung gesetzt. Gleichzeitig achten alle darauf, daß die Watte nicht vom Tisch fällt. Die Hände sollen möglichst nicht zu Hilfe genommen werden. Nach einiger Zeit können immer mehr Wattebausche ins Spiel genommen werden.

– Besonderen Spaß macht es den Kindern, wenn sie die Watte mit Strohhalmen blasen können.

– Die Watte kann auch durch andere, leichte Materialien ersetzt werden (z. B. Federn, Seidenpapier, Tischtennisbälle). Besonders lustig wird es , wenn alle Materialien gleichzeitig über den Tisch sausen.

– Aus Papier läßt sich ganz einfach ein kleines Segelboot formen. Ein Quadrat wird diagonal gefalten und entlang der Faltlinien in zwei Dreiecke geschnitten. Die entstandenen Dreiecke werden Spitze auf Spitze gefalten und umgekehrt auf den Tisch gelegt. Nun wird in die Öffnung gepustet und schon segelt das Boot auf die andere Tischseite.

Katz und Maus

Alter: ab 4 Jahren

Material: Korken - Baumwollfäden, 50 cm lang - großer Joghurtbecher - großer Farbwürfel

Der Korken wird an einem Ende leicht mit einem Messer rundum eingeritzt. In diese Kerbe wird ein Ende des Baumwollfadens geknotet. Mit einem Kugelschreiber werden Augen, Ohren und Schnurrbarthaare auf den Korken gemalt.
Alle Kinder legen ihr Mäuschen in die Tischmitte. Sie halten die Fadenenden fest in ihren Händen. Nun werden ein oder zwei Farben auf einem großem Farbwürfel vereinbart, bei denen die Mäuschen weggezogen werden müssen. Sobald eine der gewählten Farben gewürfelt wird, versuchen alle Mäuse der Katze (Becher) zu entwischen. Wird eine Maus erwischt, so darf das entsprechende Kind die Katze spielen.

Was dreht sich da?

Alter: ab 2 1/2 Jahren

Material: kleine Holzkreisel

Fasziniert schauen kleine Kinder zu, wenn sich ein oder mehrere Holzkreisel auf dem Tisch drehen. Sofort versuchen sie auch einen Kreisel in Bewegung zu setzen und sind begeistert, auch wenn er zunächst nur 2 oder 3 Umdrehungen macht. Ältere Kinder beschäftigen sich meist sehr ausdauernd damit. Sie können versuchen, alle vorhandenen Kreisel gleichzeitig in Bewegung zu halten. Kein Kreisel darf stillstehen. Es können auch kleine Holzkegel oder Holzstäbe auf den Tisch gestellt werden, die nun mit den Kreiseln umgekegelt werden sollen.